极简商业模式

商业模式越简单越好

侯韶图◎著

中国商业出版社

图书在版编目（CIP）数据

极简商业模式：商业模式越简单越好 / 侯韶图著. -- 北京：中国商业出版社，2024.3
ISBN 978-7-5208-2876-5

Ⅰ.①极… Ⅱ.①侯… Ⅲ.①商业模式 Ⅳ.①F71

中国国家版本馆CIP数据核字(2024)第052768号

责任编辑：郑 静
策划编辑：刘万庆

中国商业出版社出版发行
（www.zgsycb.com 100053 北京广安门内报国寺1号）
总编室：010-63180647 　编辑室：010-83118925
发行部：010-83120835/8286
新华书店经销
香河县宏润印刷有限公司印刷
*
710毫米×1000毫米　16开　14.5印张　200千字
2024年3月第1版　2024年3月第1次印刷
定价：68.00元
****
（如有印装质量问题可更换）

自序

实现商业模式和市场营销的高度合一

在当今竞争激烈的商业环境中，企业要想取得成功，就必须将商业模式和市场营销紧密结合起来。商业模式是企业经营的基础，而市场营销则是企业与消费者之间的桥梁，也是企业商业价值变现的唯一途径。只有将二者高度合一，企业才能在市场竞争中脱颖而出，实现持续的增长和发展。

企业无论规模大小，想要在激烈的市场竞争中稳住并可持续发展就必须找对商业模式，为什么强调企业追求商业模式和市场营销的高度合一，可以从以下四个方面来说明。

1. 帮助企业更好地了解市场需求和消费者行为

通过市场调研和分析，企业可以了解到消费者的需求和偏好，从而调整商业模式，提供更符合市场需求的产品和服务。同时，市场营销中的市场推广活动也可以帮助企业更好地了解消费者的购买行为和决策过程，从而优化商业模式，提高产品的竞争力。

2. 帮助企业实现市场定位和差异化竞争

通过市场营销的落地，企业可以确定自己的目标市场和目标消费者群体，并制定相应的市场定位策略。而商业模式则可以根据市场定位，设计出独特的产品和服务，与竞争对手形成差异化竞争优势。通过将商业模式

极简商业模式：商业模式越简单越好

和市场营销紧密结合，企业可以在市场中找到自己的定位，实现市场份额的增长。

3. 可以推动企业商业模式成功落地

初创企业需要从零开始设计商业模式，成熟型企业在转型升级的过程中也需要升级商业模式，而商业模式要想在企业成功落地，必须通过营销体系和营销团队的无条件执行才能实现。只有将商业模式和市场营销紧密结合，通过商业模式、市场营销、企业文化三轮驱动，激发营销团队的潜能，才能实现商业模式成功落地。

4. 可以帮助企业实现经营业绩的最大化

商业模式的设计应该考虑到市场营销的需求，以确保产品和服务的可行性和可销售性。同时，市场营销的过程也应该与商业模式相结合，以实现营销目标和销售增长。只有将商业模式和市场营销紧密结合，企业才能在市场开发中取得更好的销售业绩和经营利润。

由此可见，追求商业模式和市场营销的高度合一是企业取得成功的关键。只有将二者紧密结合，企业才能更好地了解市场需求和消费者行为，实现市场定位和差异化竞争，以及经营业绩的最大化。因此，企业应该重视商业模式和市场营销的整合，将其作为战略规划和运营管理的重要组成部分，以实现持续的增长和发展。

尤其是对于发展中的中小企业来说，商业模式设计的关键在于设计好营销模式。这并不难以理解，一个好的营销模式能够成为企业发展的推动器，而错误的营销模式对企业而言则是让企业停滞不前的障碍。

营销是整个企业市场运营的基础，因此，中小企业在设计营销模式时，一定要遵循"出错最少，成本最低"的设计思路。作为企业的创始人、企业的经营者，都不喜欢把自己的时间和金钱用在试错上，都喜欢用最低的成本赚最多的利润。

中小企业在选择营销模式时，更好的选择就是极简模式。极简模式，

自序

没有那么多烦琐的环节，不管是在模式本身还是在运营模式上，都主打"极简"。在这个靠模式赚钱才是企业必经之路的时代，你的企业选择什么样的模式？

换句话问，现在拥有一家企业或是多家企业的你，是一位经营者还是一位生意人？

经营者指的是靠模式赚钱，实现从产品经营到资本经营的人才；生意人则是一直从事产品经营的人。如果，此刻对于你而言，这两个身份相差无异，说明你还没有了解"商业模式"对于企业、对于你的重要性。

本书以数字化时代为背景，以极简商业模式为切入点，以合伙人模式为重心，对极简商业模式相关的策略和方法进行了详细的研究和深入论述，对经营管理从业人员具有一定的借鉴意义，希望本书可以为正在进行业务模式转型和商业模式升级的企业，提供一些参考。

侯韶图

前言

商业模式和极简商业模式的区别

商业模式和极简商业模式，两字之差，差之千里。我们先看一下它们的定义：

商业模式，指的是企业或组织为了实现利润和增长而设计的一种运营方式和盈利方式。它描述了企业如何创造、交付和捕获价值，以及如何与客户、合作伙伴和其他利益相关者进行互动。商业模式通常包括产品或服务的定义、目标市场的选择、价值主张的制定、收入来源的确定、成本结构的规划、合作伙伴关系的建立等要素。商业模式可以帮助企业在竞争激烈的市场中获得竞争优势，实现可持续发展。

极简商业模式，指的是一种简化和精简的商业模式，它通过去除冗余和复杂性，专注于核心价值和关键活动，以实现高效和灵活的商业运作。

从定义上不难看出商业模式和极简商业模式的差别就在于"极简"。

商业模式主要包括盈利模式和营销模式，极简商业模式也是如此。一般来说，商业模式是每个企业都有的，或许有人觉得自己的企业就是个小微企业，怎么会用得到商业模式，但实际上在一家企业创立时，就已经有了自己的商业模式。只不过对于一些中小微企业来说，太复杂的商业模式并不适合。

这里我讲一下极简商业模式的特点：

1.简化产品或服务极简商业模式通常专注于提供简化的产品或服务，

极简商业模式：商业模式越简单越好

以满足客户的基本需求。它们通常去除不必要的功能和复杂性，以提供更简单和易于使用的解决方案。

2. 精简价值链极简商业模式将重点放在核心价值链上，即关键活动和资源，以提供高质量的产品或服务。它们通常会去除不必要的环节和流程，以提高效率和降低成本。

3. 突出核心竞争力极简商业模式专注于发展和突出企业的核心竞争力，以在市场上脱颖而出。它们通常会去除与核心竞争力无关的业务和产品，以集中资源和精力。

4. 极简商业模式具有灵活性和适应性，可以快速响应市场变化和客户需求。它们通常具有简单的组织结构和决策流程，以便快速做出决策和调整战略。

其实，极简商业模式都是基于商业模式，进行了删繁就简。举个例子，李洁要出远门了，她准备了两个行李箱的物品，换洗的衣物、洗漱用品、路上消遣的物品、各种零食，结果，她要乘坐的旅游大巴负责人告诉她，每个人仅限带一个尺寸有限的小行李箱。李洁这时候就要做出取舍，换洗的衣物按照重要程度、喜爱程度分开，洗漱用品也从数量上减少，消遣的物品可以只留一份，零食则是选择不占地方的糖果。最终，两大行李箱的物品精减成了一个小行李箱。可见，在生活中极简也是无处不在的。

极简商业模式也是如此，商业模式是烦琐的大行李箱，极简商业模式则是最终精练出来的小行李箱。极简商业模式的优势包括降低成本、提高效率、增强竞争力和创造更好的用户体验。然而，它也可能面临一些挑战，如难以满足复杂的客户需求和竞争对手的挑战。因此，企业在采用极简商业模式时需要权衡利弊，根据自身情况做出决策。

我们聊极简商业模式，绕不开短链闭环。大家都知道企业经营会有一个闭环，极简模式的闭环是短链闭环。也就是在某个特定的环境中，通过短链的方式将不同的环节连接起来，形成一个闭合的循环系统。这种闭环

的设计具有一定的魅力,以下是一些主要的方面:

短链肯定就是流程短,没有冗长的流程,是属于简化流程。短链闭环能够将复杂的流程简化为一个紧密相连的环节,既减少了不必要的中间步骤和环节,又提高了效率。相比传统的线性流程,短链闭环能够更加高效地完成任务。

大家都知道"短"就代表着要有更快的速度,也代表着能够提升速度,800米跑和50米跑的考核要求不同,800米跑要求的是耐性,50米跑要求的是速度。短链闭环就相当于是闭环模式中的短跑,短链闭环能够提高响应速度。由于短链闭环的环节之间紧密相连,信息的传递和反馈速度更快。这使得问题能够更快地被发现和解决,从而提高了响应速度。无论是在生产运营过程中还是在服务行业中,短链闭环都能够更快地满足客户需求。

短链闭环能够起到优化资源利用的作用,通过将不同环节连接起来,可以更好地协调各个环节之间的资源分配,避免资源的浪费和闲置。这种优化能够提高整体效率,降低成本。

因为短链闭环的链条是极简的,所以每一个环节都能更好地把控运营质量。由于环节之间的紧密联系,问题能够更早地被发现和解决,从而提高产品或服务的质量。这种质量控制能够增加客户满意度,提升企业品牌形象。

除了以上的特点,短链闭环还能够促进创新和改进。因为在短链闭环中每一环节都是衔接密切的点,由于环节之间的紧密联系,信息的传递更加迅速,不同环节之间的经验和知识能够更好地共享。这种共享能够促进创新和改进,推动整个系统的不断发展。

总之,短链闭环的魅力在于它能够简化流程、提高响应速度、优化资源利用、提升质量控制,并促进创新和改进。这种闭环设计能够带来更高的效率和质量,对于企业和组织来说具有重要的意义。

短链闭环是极简商业模式的一个特点,而短链营销模式在设计方案的过程中,将用到数字化驱动这一方法。什么叫作数字化驱动?

极简商业模式：商业模式越简单越好

数字化驱动指通过收集和分析大量的用户数据，了解用户的需求和行为，从而优化产品和服务的设计。可以利用数据分析工具和人工智能技术来挖掘数据中的潜在价值，提供个性化的推荐和定制化的服务。

数字化驱动是为了推进短链营销，那么数字化驱动最终是推进极简商业模式，我们来看一下数字化驱动的特点：

特点一：通过短链营销手段，将产品或服务精准地推送给目标用户群体。可以利用社交媒体、搜索引擎和电子邮件等渠道，将短链分享给潜在客户，提高转化率和销售额。

特点二：通过数字化工具和短链营销手段，鼓励用户参与和互动。可以设计有趣的互动活动和游戏，吸引用户参与并分享短链，增加品牌曝光度和用户黏性。

特点三：通过与其他行业的企业合作，实现资源共享和互利共赢。可以利用短链营销手段，将不同行业的用户引流到彼此的平台，扩大用户群体和市场份额。

特点四：通过数字化技术和短链营销手段，提供创新的产品和服务。可以利用物联网、区块链和虚拟现实等技术，开发具有差异化竞争优势的产品和服务，满足用户的个性化需求。

通过数字化驱动的特点不难看出，数字化驱动是通过数字技术和短链营销手段，实现商业模式的创新和发展。通过数据驱动、精准营销、用户参与、跨界合作和创新服务等方略，可以提高品牌曝光度、用户转化率和销售额，实现商业价值的最大化。

作为中小企业的经营者，提高品牌曝光度、用户转化率、销售额是其心之所向。创业者最终的目标就是实现商业价值的最大化。通过极简商业模式、短链闭环、数字化驱动等一层层的筑造，再小的企业也能够打造出属于自己的极简模式，更能够通过极简商业模式走上发展的快车道。

目录

第一部分　极简商业模式设计的原则

第一章　短链闭环原则 / 2

试错成本足够低，试错时间足够短 / 2

极简模式设计都从短链闭环开始 / 5

闭环现金流是模式存活的关键 / 10

利润点需要一步步摸索出来 / 14

紧握核心功能和利益点 / 17

单点打透解决用户问题 / 20

第二章　简短流程化设计原则 / 24

模块通用化思维模式 / 24

极简供应链和复用资源 / 28

越是极简，营销模式就要越给力 / 31

裂变模式依然很有用 / 35

帮人省钱的买手模式 / 37

数字时代需要直线思维 / 40

极简商业模式基于自我驱动 / 43

第三章　价值生态原则 / 46

集聚和控制最终客户 / 47

从产品经营到资本经营 / 50

生态强者将极简留给用户，复杂留给自己 / 53

极简企业都有自己的一亩三分地 / 56

极简设计都坚持微生态模式 / 60

长久活下去是模式设计的核心 / 62

第四章 轻重资产再布局原则 / 65

极简模式，极简团队，极简管理，极简营销 / 66

部分实体数字化是一个趋势 / 70

小企业的 IP 生存 / 71

学会面对用户分拆外包模式 / 74

目标精简不受诱惑很重要 / 78

让别人实现极简需要重资产投入 / 80

第五章 利益极致分配原则 / 83

成为分享型企业 / 83

把利益分配做到极致才能逆势增长、逆势崛起 / 87

平台、股权、文化、模式、产品、品牌都可以分享 / 90

让员工、客户成为企业的合伙人 / 92

实现营销团队的自我驱动是分享的最高境界 / 94

第二部分 极简商业模式方案的设计

第六章 绝活中小企业的极简方案 / 98

面向用户的异类总是活得很好 / 98

极致单品模式 / 100

数字化时代，小企业不再畏惧冷门生意 / 103

技能型小企业活得更滋润 / 106

　　　　创造和占据原产地品牌模式 / 109

第七章　极简商业模式下的新零售新服务 / 112

　　　　未来小企业都靠服务新零售赚钱 / 112
　　　　基于真实关系和业务的新社群模式 / 115
　　　　新零售新服务追求有温度的互动 / 117
　　　　数字化时代的新零售品牌模式 / 120
　　　　极简人工智能服务模式可以创造新机会 / 123

第八章　极简商业模式下的合伙人模式 / 127

　　　　数字化时代的合伙人模式 / 127
　　　　合伙人模式如何极简化 / 131
　　　　极简合伙人模式的几种子模式 / 133
　　　　极简合伙人模式的操作要点 / 135
　　　　极简合伙人模式如何提高成功率 / 138
　　　　对极简合伙人模式落地的心得体会 / 141

第九章　极简商业模式方案的设计要点 / 154

　　　　如何设计好极简商业模式方案 / 154
　　　　极简商业模式方案的内容构成 / 156
　　　　极简商业模式方案的设计流程 / 159
　　　　极简商业模式方案的设计技巧 / 162
　　　　极简商业模式方案模板 / 164

第三部分　模式越简单效用越强大

第十章　少即是多的商业实践案例 / 176

　　　　单人商业模式正在崛起 / 176
　　　　以科技美学带来的极简模式 / 179

小团队+AI：小团队也能干大事 / 181

小团队服务全球模式 / 184

第十一章　极简模式做大做强的实践案例 / 186

做给用户带来实惠的品牌 / 186

万家连锁店企业本质在极简 / 188

极简模式对于社区商业的精细渗透 / 190

极简模式做大，场景更重要 / 192

基于生活空间的极简模式设计 / 195

第十二章　"从零到一"的极简模式实践案例 / 197

天地丰农"平台共享商业模式" / 197

鑫美龙"两个极致模式" / 202

博益德"事业共同体模式" / 205

英惠尔"小而美模式" / 209

零食很忙"两高一低模式" / 212

后　记 / 216

第一部分
极简商业模式设计的原则

第一章　短链闭环原则

在前言部分，我们提出了"短链闭环"的概念，这一章我们具体来讲一下短链闭环。

先来看一下概念：短链闭环原则指在管理和决策过程中，应该建立一个简洁、高效的闭环系统，以便快速反馈和调整。这个原则强调了信息流动的速度和质量，以及决策的迅速执行。

而在企业发展中运用短链闭环就要遵循短链闭环原则，短链闭环原则的核心思想是将决策者与执行者紧密联系起来，缩短信息传递和决策执行的时间和距离。这样可以避免信息的滞后和失真，提高决策的准确性和执行的效率。通过实施短链闭环原则，企业可以更加灵活和高效地应对变化和挑战，提高决策的质量和执行的效果，从而取得更好的业绩和竞争优势。

试错成本足够低，试错时间足够短

企业需要试错，是因为试错是一个学习和成长的过程。试错可以帮助企业发现问题、改进产品和服务、优化流程和策略。通过试错，企业可以了解市场需求、客户反馈和竞争情况，从而更好地适应和应对变化。试错还可以培养企业的创新能力和团队的应变能力，提高企业的竞争力和适应性。然而，试错也需要在一定的范围和风险控制下进行，避免过度试错导致资源浪费和经济损失。

在人类社会的发展历程中，试错是一种常见的学习方法。无论是个人还是组织，试错都是不可避免的。然而，试错所带来的成本和时间消耗往往是人们所担心的。如果试错成本足够低，试错时间足够短，那么试错将成为一种宝贵的学习机会。

举一个例子，创业者在创立一个企业时，如果不是拥有强大的资金后盾，都不会希望自己的每一次尝试都属于试错。因此，对于不少创业者来说，所谓的一次试错，有可能将自己带入万劫不复的深渊。

梁江从北京一家央企管理者的岗位辞职，用自己多年的积蓄创立了一家文化传播公司，公司规模不大，公司运营的产品和服务也是他一直以来最想做的文化类。但是，在央企管理者岗位上待得久了会有一种错觉，就是将在原有平台上所取得的成功归纳为自己的"天道酬勤"。梁江也是如此，在拥有创业经验的兄弟对他的创业公司的运行模式产生怀疑时，他并没有在意，甚至说"创业总要有试错的过程"。但是，梁江忘了，他的公司经不起一次这样规模的试错行为。于是，梁江的公司也就撑了一年半的时间就倒闭了，后来是卖了位于顺义空港经济区的房子才填上了创业的坑。

很多创业者都经不起试错，因为对于中小微企业来说，试错的成本太高了。然而，并不是所有的试错都需要付出大成本，很多试错的成本是可以被负担的。在个人层面，试错成本低意味着可以尝试新的事物，不必担心失败的后果。这样一来，人们就能够更加勇敢地追求自己的梦想，不断释放自己的潜力。在企业层面，试错成本低意味着公司可以更加灵活地适应市场的变化。公司可以尝试新的产品或服务，不必担心失败会给公司带来巨大的损失。这样一来，公司就能够更加敏锐地抓住市场机会，保持竞争优势。

试错的成本低是一方面，另一方面就是试错的时间足够短。对于我们每一个人来说，试错时间短意味着可以更快地调整自己的行动，避免再次犯同样的错误。这样一来，我们就能够更加高效地成长和进步。对于一个

极简商业模式：商业模式越简单越好

企业来说，试错时间短意味着公司可以更快地调整战略和运营模式，避免再次犯同样的错误。这样一来，公司就能够更加灵活地应对市场的变化，保持持续的发展。

所以，试错这件事，如果拥有成本足够低、时间足够短两个条件，不管是对个人还是对企业，都是一次宝贵的学习机会。试错不仅可以帮助我们发现问题，更重要的是帮助我们找到解决问题的方法。试错成本足够低，试错时间足够短，可以激发我们的创造力和创新能力，推动个人和组织的进步和发展。

所以，创业不要怕试错，找对方法，试错只是一个自我成长的过程。应了那句俗话"失败是成功之母"，我们在多次的失败中吸取经验教训，从而可以避免在以后不犯同类的错误。

我们应该积极创造条件，使试错成本足够低，试错时间足够短。个人应该勇于尝试新的事物，不必担心失败的后果。公司应该鼓励员工创新和实践，为员工提供试错的机会和环境。只有这样，我们才能够不断学习和成长，不断创造和创新，迎接未来的挑战。

当我们了解了试错的意义，当我们找到了低成本试错方式之后，就要将目光看向企业发展的重要环节，也就是营销这一步。

营销是企业发展的最重要环节，是商业价值变现的唯一途径，它涉及产品推广、品牌建设、市场拓展等多个方面。在竞争激烈的市场环境下，营销的效果往往决定了企业的成败。因此，对于每一次营销活动，都需要进行复盘优化，以提高效果和效率。

复盘指对过去的营销活动进行回顾和总结，找出问题和不足之处，为下一次营销活动做出改进和优化。在营销中，复盘是非常重要的一环，它可以帮助企业发现问题，找到解决方案，并提高整体的营销能力。我们来看看复盘的优势。

优势一，复盘可以帮助企业了解市场反馈。在营销活动中，企业会投入大量的资源和精力，但是最终的效果如何，只有市场才能给出答案。通过复盘，企业可以了解市场对产品和品牌的认可度、竞争对手的表现以及消费者的反馈意见。这些信息对于企业来说非常宝贵，可以帮助企业更好地了解市场需求，调整营销策略。

优势二，复盘可以帮助企业找出问题和不足之处。在营销活动中，往往会出现一些问题，如推广渠道选择不当、宣传推广手段不够吸引人、销售团队配合不默契等。通过复盘，企业可以找出这些问题，并进行分析和解决。只有找到问题的根源，才能采取相应的措施，避免类似的问题再次发生。

优势三，复盘可以帮助企业提高整体的营销能力。通过对过去营销活动的总结和分析，企业可以吸取经验和教训，提高自身的营销能力。比如，企业可以总结出哪些推广渠道更适合自己的产品，哪些宣传推广手段更能吸引目标消费者，哪些营销策略更有效等。这些经验和教训可以帮助企业在下一次营销活动中更好地把握市场机会，提高营销效果。

总之，在营销过程中，复盘优化是企业发展中不可或缺的一环。通过复盘，企业可以了解市场反馈，找出问题和不足之处，并提高整体的营销能力。只有不断地进行复盘优化，企业才能在竞争激烈的市场中立于不败之地，实现可持续发展。

极简模式设计都从短链闭环开始

极简模式设计意味着以最简单、最直接的方式呈现信息和功能，以提高用户体验。在设计极简模式时，从短链闭环开始设计可以更好地满足用户的需求。

我们已经知道短链闭环指用户在使用产品时所经历的一个完整的流程，

极简商业模式：商业模式越简单越好

从输入需求到完成目标，再返回到初始状态。通过从短链闭环开始设计，可以减少用户操作的步骤和复杂性，提高效率和用户满意度。

实际上短链闭环也是极简模式的一个重要环节，这里就要再跟大家强调一下极简模式。极简模式设计注重用户体验的简洁、便捷和高效，通过从短链闭环开始设计，能够更好地满足用户的需求，提供更好的用户体验。

我们举个简单的例子来说一下，为什么用户或者是消费群体更喜欢极简模式。

一个典型的例子是手机上的信息应用，如微信或 WhatsApp。这些应用都以极简模式设计为特色，从短链闭环开始。

这里需要强调一下，之前我们说创业者梁江当时创业项目是想通过开发一款摄影 App 聚集大量的摄影师、摄影爱好者。并且，梁江对项目的设计是美食摄影、旅游摄影以及生活摄影，想要通过大家分享照片聚集人气，把 App 打造为一个类似微信能让更多陌生人社交的平台。现在想想，梁江应该是想要做一个如同"绿洲"一样的 App。

但是，在设计过程中，他并没有遵循极简的模式，从注册到应用，烦琐而啰唆，别说用户试用，就连公司内部员工用起来都觉得烦琐不堪。也有人用微信来举例，建议将整个设计改变一下，遵循极简模式设计，比如，让用户用起来时，能够进入短链闭环。例如，微信的闭环，用户可以通过应用的主屏幕进入联系人列表，然后选择一个联系人发送短信。发送后，用户可以返回主屏幕继续操作或查看更多消息。

在这个设计中，所有操作都需要尽可能少的步骤和界面转换。用户不需要在不同的界面间导航或浏览多个选项。相反地，他们只需点击几次即可完成整个过程，并保持在同一个界面中。

这样的设计能够方便用户试用，而且，我们看微信的设计也极其简单：

1. 主屏幕：微信的主屏幕上只显示了最基本的功能，如通信录、发现。用户可以通过轻触相应图标进入目标功能，完成操作后可以通过后退按钮返回主屏幕。

2. 通信录：用户可以在通信录中找到所有的联系人，并可以通过点击相应联系人的头像或名称进入对话界面。

3. 对话界面：对话界面使用简洁的设计，只显示聊天内容和输入框。用户可以直接在输入框中输入消息并发送，发送后的消息会显示在对话界面中。同时，用户可以通过左滑操作返回到通信录界面。

4. 消息通知：微信会在收到新消息时发送通知，用户可以通过点击通知直接进入对话界面进行回复。

通过这样的极简模式设计，微信或WhatsApp能够提供快速、高效的短信功能，使用户能够简单地与他人保持联系，而无须经历复杂的界面和操作。

然而，梁江却觉得自己不应该和微信学习，极简模式不适合他想要达到的效果，于是，在App设计过程中就功能烦琐、页面烦琐，占用手机内存大，而且用起来真的是非常凌乱。所以说，不光是在企业经营上需要极简模式，包括企业的产品、服务，甚至是虚拟产品等，最好也应该遵循极简模式。

当代人比较"着急"，他不会给任何一个企业、任何一款产品、任何一种服务更多的时间，所以，我们会发现越是简单的产品，越是一目了然的服务，越是精简的企业，越受消费群体的青睐。

我们都知道，在商业领域，竞争激烈是常态，企业要想在市场竞争中立足并取得成功，就必须在一买一卖的过程中寻找差异化和稀缺元素。

那么，什么叫作差异化？

差异化指企业通过与竞争对手不同、独特的产品或服务来吸引消费者，从而获得竞争优势。在同质化产品泛滥的现代社会，消费者越来越难以找到满足个性化需求的产品。因此，企业应该注重差异化创新，通过研发新的产品、提供个性化的服务，来满足消费者多样化的需求。例如，一些高级餐厅推出特色菜品，电商平台提供定制化的购物体验等。这些差异化的产品和服务能够吸引有特殊需求的消费者，提高企业的竞争力。

与此同时，企业还需要寻找稀缺元素来区别于竞争对手。

什么可以被称为稀缺元素？

稀缺元素指的是市场上供应有限，且难以复制的资源或能力。一些企业通过稀缺元素来塑造其独特的品牌形象，吸引消费者的眼球。例如，手工艺品通常是由手工制作完成，其生产成本和时间成本较高，因而可以产生稀缺效应，打造高端品牌。而一些高端服装品牌也推出限量版系列，增加了产品的稀缺感，吸引品位独特的消费者。

然而，在寻找差异化和稀缺元素的过程中，企业需要进行市场调研和消费者洞察。只有了解消费者的需求、消费偏好和价值观，企业才能够有针对性地开展差异化创新和资源整合。同时，企业需要不断关注市场变化和竞争动态，及时调整自己的战略。只有不断发现和把握差异化与稀缺元素，企业才能够在激烈的竞争中占据有利地位。

由此我们能够看出，差异化和稀缺元素是企业取得竞争优势的重要手段。企业应该通过差异化创新和稀缺效应来吸引消费者，提高自身的市场竞争力。在全球化和数字化的时代背景下，企业要不断寻找市场和消费者的差异化需求，创造独特的产品和服务，才能在激烈的市场竞争中脱颖而出。

我们看一个在传统行业通过极简商业模式创新，实现了短链闭环的案例：

湖北中新开维牧业有限公司成立于2020年4月，是一家集饲料生产、生猪养殖、种猪育种等于一体的规模化、现代化、自动化、智能化、环保化、低碳化、品牌化、差异化的现代农牧企业，致力于打造安全、美味、健康、环保的高品质猪肉，让人们享受美味人生。

中新开维在湖北省鄂州市投资建设了两栋26层高的养殖大楼，号称

"中国最大养猪大楼",是全国单体面积最大、运行效率最高的楼房养猪示范基地,年出栏生猪产能在 120 万头,配套建设了年产 50 万吨饲料的生产线和日处理废污水 10 000 吨的环保系统。

中新开维在养殖大楼旁边同时建设了全资子公司湖北中新开维食品产业园,以湖北中新开维食品有限公司为经营主体,以湖北中新开维牧业有限公司生态养殖的生猪为主要原料,进军食品深加工产业,成为一家进行猪业全产业链经营的食品企业,园区一期建设食品原料预处理中心、中央厨房生产中心、中央厨房研究院等项目。

中新开维食品以生猪屠宰分割、鱼类初加工、蔬菜及豆制品初加工、大米加工等为基础,用于生产新鲜、健康、营养的新型预制饭菜等食品。公司以餐饮消费新趋势为导向,以都市圈为核心市场,提供"一日三餐"整套解决方案。核心产品为精致小碗菜、多味炒饭、面条伴侣、多味汉堡包、即食肉品及新中式汤饮等。除即食肉品外,其他产品按照当天加工、当天配送、当天实现消费的业务模式,不添加任何防腐剂,致力于在五年内成为世界单厂规模最大的绿色营养食品工厂。项目建成后,计划实现每天 500 万份预制饭菜的产能。

中新开维采用的是把产品成本做到极致、把商业价值做到极致的极简商业模式,实现规模化经营的同时,在饲料、养殖、屠宰等生产运营环节原则上不取利,把内部交易成本降到最低,把产品成本降到最低,最后在消费端的预制饭菜环节获取利润、实现价值变现,从而建立竞争优势。这种商业模式,也是一种从消费端逆向整合产业链的商业模式。

中新开维在农牧食品行业的商业模式创新是具有开创性的,打破了传统的从生猪养殖到肉类食品深加工的常规产业链模式,延伸到了预制饭菜,把生猪直接变成了预制菜,在餐饮环节进行闭环。中新开维通过从养猪到预制饭菜、从养殖场到餐桌、从农牧业到餐饮业的一站式直达,实现了自身商业模式的短链闭环,为中国畜牧业转型升级、高质量发展乃至助力乡村振兴、实现共同富裕进行了创新性的探索。

闭环现金流是模式存活的关键

我们经营一家企业离不开的就是"钱"，不管是在创业期间投入的钱，还是依靠企业经营赚钱，包括企业商业模式能够正常存活，都离不开钱。谈钱显得俗气，我们称之为"现金流"。

在当今社会，企业的生存和发展离不开稳定的现金流，而闭环现金流则是保证商业模式存活和落地成功率的关键因素之一。

什么是闭环现金流？闭环现金流指的是企业通过自身的经营活动产生现金流，并将现金流循环运用于企业的经营活动中，形成一个正向循环的现金流。

我们举个例子，闭环现金流并不是我们花钱去买东西，我们花出去的钱回不来就形不成一个闭环。如果，我在某个旅游景区租了个摊位，卖的是酒水饮料，可是某天，作为老板的我想要吃旁边餐厅的肉夹馍，我就拿着10元钱去店里买了一份肉夹馍回来；餐厅的老板想要给孩子买个风车，于是花了10元钱从玩具店买了一架风车；风车店的老板觉得口渴，来到我的店里花10元钱买了一瓶水。

于是，我花出去的10元钱又回到了我这里，这就叫作闭环。但是，这个模式并不是严格意义的闭环现金流，闭环现金流的概念可以通过一个简单的例子来解释：

假设某企业是一家制造型企业，从供应商那里购买原材料，经过加工制造后，销售给客户，最终收回现金。在这个过程中，企业通过购买原材料的支付现金，再通过销售产品的收取现金，形成一个闭环的现金流。这个闭环现金流的循环不断进行，使企业得以持续运营。

了解了闭环现金流的概念，就要解答一下，为什么闭环现金流是模式存活的关键？

1.闭环现金流保证了企业的现金流源源不断地进入。现金流是企业生存和发展的血液，它支持了企业在供应链各个环节的运营，确保原材料的及时采购、产品的生产和销售，进而获取销售收入。只有有稳定的现金流，企业才能维持经营的正常运转。

2.闭环现金流提供了企业自给自足、持续造血的能力。企业通过循环使用现金流，将利润再投入经营活动中，不断提高经营效率和产品质量，为客户提供更好的产品和服务，获得更多的订单，不断扩大市场份额。与此同时，通过循环使用现金流，企业可以更好地应对供应链上的波动，降低成本，增强竞争力。

3.闭环现金流保证了企业的可持续发展。现金流的循环使用不仅为企业提供了经营资金，还为企业的创新和扩张提供了足够的支持。企业可以将部分利润用于研发新产品、开拓新市场，推动企业的创新和发展。同时，闭环现金流还提供了企业自我修复的能力，当遇到经营困难或者市场波动时，企业可以通过优化现金流循环，调整经营策略，重新找到盈利的路径。

所以，闭环现金流是确保企业商业模式存活的关键。它既保证了企业的现金流源源不断地进入，也保证了企业的可持续发展。因此，企业在制定经营策略和商业模式设计时，应该充分考虑闭环现金流的重要性，为自身的生存和发展提供坚实的基础。

通过以上阐述，我们不难看出，作为企业，抛开闭环现金流的概念，实际上在管理企业的过程中，不考虑现金流顺畅的模式多数都是失败的模式。

现金流是一个企业生存和发展的重要因素。无论是创业公司还是传统企业，现金流的顺畅与否都直接影响着企业的经营和发展。因此，不考虑现金流顺畅的商业模式会给企业带来巨大的经营风险，多数都是注定要失

| **极简商业模式**：商业模式越简单越好

败的。

1.现金流是企业经营的基石。无论企业的规模大小，都需要支付员工工资、原材料采购费、租金、水电费等各种日常开支。如果企业没有足够的现金流，就无法及时支付这些费用，会导致供应链断裂、员工流失等问题，进而影响企业的正常运营。因此，一个没有考虑现金流顺畅的商业模式，无法保证企业的可持续运营。

2.现金流影响企业的投资和发展。一个成功的企业往往需要长期投入大量的资金用于产品研发、市场拓展和品牌推广等方面。如果企业没有稳定的现金流，就无法支撑这些投资行为，从而无法实现企业的战略目标和长远发展。例如，一家创新型科技公司如果没有足够的现金流，就无法进行关键的研发工作，导致产品技术跟不上市场需求，最终被竞争对手超越。可见，不考虑现金流顺畅的商业模式会妨碍企业的投资和发展。

3.现金流顺畅也是企业应对突发风险和挑战的重要保障。在一个竞争激烈、市场变化迅速、充满不确定性的商业环境中，企业面临各种风险和挑战，如市场需求下降、经营创新乏力、供应链问题、竞争压力增大等。只有拥有良好的现金流管理能力，企业才能够及时应对这些风险和挑战。相反地，如果企业没有足够的现金流，就无法承受这些压力，很可能因为资金链断裂被市场淘汰。因此，不考虑现金流顺畅的商业模式势必会面临更多的风险和挑战。

由此可见，不考虑现金流顺畅的商业模式多数都是注定要失败的。现金流是企业经营和发展的基础，影响着企业的市场开发、日常运营、投资和发展机会，以及应对风险和挑战的能力。只有在考虑现金流顺畅的前提下，企业才能够持续健康地发展。因此，企业管理者和创业者都应该重视现金流管理，并将其纳入商业模式的考量之中。

然而，在商业世界中，除了要有闭环现金流当作后盾，需要流畅的现金流作为企业发展的根基之外，还应该考虑到如何才能获取流畅的现金流。

一个企业想要获取流畅的现金流，离不开产品的销售和为客户提供服务。这两个方面是企业创造价值的基本途径，也是企业与客户之间最直接的连接。这一点大家都了解，毕竟商业就是服务于用户，不管企业出售的是产品还是服务，你想要赚钱，就必须有销售、服务的环节。

产品的销售是企业创造价值的重要手段之一。产品销售不仅可以使企业实现盈利，还能够满足客户的需求和欲望。通过销售产品，企业可以将其研发、制造、市场推广、技术服务等环节所投入的成本转化为收益，实现经营效益的最大化。而产品的销售也能够推动企业的发展壮大，为企业提供资金支持和发展动力。因此，产品的销售不仅是企业生存和发展的基本条件，也是企业创造价值的最重要途径。

为客户提供优质的服务也是企业创造价值的重要手段。服务客户不仅可以提高客户的忠诚度和满意度，还能够为企业赢得良好的品牌和声誉。通过提供优质的售前咨询、售中支持和售后服务等，企业可以满足客户的需求和期望值，提升客户的体验和价值感。同时，良好的服务也能够帮助企业建立起与客户的紧密关系，获得客户的信任和支持。服务客户不仅可以帮助企业留住老客户，还能够吸引新客户，扩大市场份额。因此，为客户提供优质的服务是企业创造价值的重要途径之一。

总的来说，产品的销售和为客户提供服务是企业创造价值的两个重要手段。产品销售可以使企业实现盈利和做强做大，而提供优质的服务可以提高客户的忠诚度和满意度。作为企业与客户之间的直接连接，产品的销售和服务客户成为企业实现盈利和价值最直接的途径。因此，在商业运作中，企业应该注重产品的销售和为客户提供优质的服务，从而实现自身价值和客户价值的双赢。只有通过不断改进和完善产品与服务，企业才能够在激烈的竞争中脱颖而出，获得持续发展的动力。

只有企业发展了，才有可能在竞争激烈的市场获取一席之地，才有可能将自己的产品或服务出售给目标群体，卖出去的产品或服务才能为企业带来收入。这收入就是企业的现金流基础，也就是说，我们需要有好的产品、好的服务、好的团队、好的营销模式，从而实现企业拥有充足的现金流。

利润点需要一步步摸索出来

在市场中，利润点被认为是企业发展的核心之一。然而，要找出利润点并不是一件容易的事情。它需要耐心、毅力和一步一步地摸索。

第一步，想要找出利润点，我们需要有一个明确的经营目标。这个经营目标应该是具体的、可量化的、可考核的、可评估的，并能够与企业的发展战略相匹配。只有当我们明确了经营目标，才能在追求利润的道路上有一个清晰的方向。

第二步，想要找出利润点，我们需要对市场和客户有深入的了解。市场和客户是企业利润的源泉，只有了解市场和客户的需求和喜好，才能够为他们提供满意的产品和服务，从而实现利润的增长。

然而，要了解市场和客户并不是一蹴而就的。这需要通过市场调研、客户交流等方式，积累大量的数据和信息，进行分析和研究，从而找到市场需求的蛛丝马迹和客户的偏好。这一过程需要时间和精力的投入，但它是找出利润点的关键。

一旦我们对市场和客户有了深入的了解，就可以开始思考如何提供更有价值的产品和服务。这需要对产品和服务进行创新与改进，以满足客户的需求和期望值。通过不断的创新与改进，可以为企业带来更大的利润空间。

此外，要找出利润点，我们还需要注重成本的控制。成本是利润的直接来源之一，只有将成本控制在合理的范围内，才能确保利润的增长。因此，企业应该注重管理成本、降低浪费，提高生产效率和市场运营效率，从而提高利润点。

第三步，找出利润点还需要不断地试错和调整。市场和客户需求是不断变化的，所以企业必须不断地适应和调整自己的策略和行动。在这个过程中，企业可能会遇到挫折和困难，但只要保持积极的态度和勇气，就能够找到新的利润点。

总之，要想找出利润点，需要一步一步地摸索。只有明确目标，了解市场和客户，创新与改进产品和服务，控制成本，不断地试错和调整，才能够最终找到真正的利润点，并实现企业的可持续发展。

不过，在如今竞争激烈的商业环境中，企业要想取得成功并保持竞争力，核心竞争力和利润二元循环是两个至关重要的因素。企业的核心竞争力是其与竞争对手相比的独特优势，而利润则是企业盈利能力的体现。这两者相互关联且相互促进，共同推动企业的持续发展。

1. 核心竞争力是企业长期成功的基石。一个企业的核心竞争力来自其独特的平台、资源、技术和模式。这可能包括商业模式、专利技术、品牌影响力、供应链管理等方面。核心竞争力使企业能够在市场中区别于竞争对手，吸引客户，并赢得市场份额。例如，苹果公司的核心竞争力在于其独特的设计和高质量的产品，这使得苹果的产品在市场上备受瞩目并赢得了消费者的口碑。核心竞争力不仅要满足当前市场需求，还要具备可持续发展的潜力，以应对市场的变化和未来竞争的挑战。

2. 利润是企业取得成功以及维持核心竞争力的重要指标。利润是企业在销售产品或提供服务时所获得的剩余价值。它是企业盈利能力的体现，同时也是企业发展为更加强大的信号。利润不仅可以用于回报股东，还可以用于投资、研发、扩大生产规模等，从而进一步提升企业的核心竞争力。只有当企业能够持续地获取利润，并将其有效地用于提升竞争力时，才能确保企业的长期发展。

核心竞争力和利润之间存在一种双向的循环关系。一方面，通过不断提升核心竞争力，企业可以创造更高的价值，进而实现更高的利润。核心竞争力为企业获取利润提供了基础。另一方面，利润的获取可以为企业提供更多的资源和资金，进一步增强企业的核心竞争力。利润能够用于投资开发新产品、提升服务质量、引入先进技术等，从而巩固企业的竞争地位并获得更多的市场份额。

不过，核心竞争力和利润的二元循环并非一帆风顺。在现实中，企业面临着来自市场、竞争对手等多种不确定因素的挑战。企业需要通过不断创新、积极应对市场需求变化等方式来保持核心竞争力，才能持续获得利润。同时，企业也需要明智地运用利润，确保其对核心竞争力的增强起到正向作用。

核心竞争力和利润是企业成功的两个关键因素。它们相互关联且相互促进，形成一个循环往复的关系。企业通过提升核心竞争力不断创造价值，从而实现更高的利润。而利润的获得又可以用于进一步加强核心竞争力，为企业的长期发展提供更多动力。因此，企业应该重视并寻求在核心竞争力和利润之间的平衡，以实现持续发展和成功。

我们不难看出，在当今竞争激烈的商业环境下，企业的核心竞争力和利润之间的关系变得越发紧密。核心竞争力是企业在市场中脱颖而出的独特优势，是企业取得长期竞争优势的基石。而利润则是企业生存和发展的重要指标，是衡量企业经营质量和健康发展水平的重要标志。为了实现长期可持续发展，企业需要将核心竞争力和利润之间的关系整合到位。

首先要清楚核心竞争力是企业获得利润的基础。企业只有通过不断提升自身技术水平、产品品质、服务质量等方面的能力，才能够满足消费者不断增长的需求，并取得竞争优势。只有拥有独特而持久的核心竞争力，企业才能够在市场上占据有利的地位，获得更多的利润。换言之，核心竞争力是企业实现利润最大化的基础。

然而，仅凭核心竞争力并不足以实现企业的利润最大化。企业需要将其核心竞争力与市场需求和商业模式密切结合，寻找到最佳的利润空间。企业需要深入了解消费者的需求和喜好，将核心竞争力转化为满足市场需求的产品和服务，从而实现销售额的增长和利润的提升。只有将核心竞争力与市场需求紧密衔接，企业才能够在市场中获得最大利润。

此外，企业还需要在利润分配上注重平衡。核心竞争力和利润之间的关系并非简单的单向关系，而是需要在不同方面进行整合。企业在取得利润的同时，也应该适度投入研发创新、市场拓展、人才培养、品牌建设等方面，不断提升自身的核心竞争力。只有将企业获得的利润重新投入核心竞争力的提升中，才能够实现长期可持续发展。

核心竞争力和利润之间的关系需要一步整合到位。企业需要在提升核心竞争力的基础上，将其转化为满足市场需求的产品和服务，从而实现利润最大化。同时，企业还需要在利润分配上注重平衡，将利润重新投入核心竞争力的提升中，实现长期可持续发展。只有将核心竞争力和利润紧密结合，并在不同方面进行整合，企业才能够在竞争激烈的商业环境中立于不败之地。

紧握核心功能和利益点

一个成功的企业，往往都能紧握住核心功能和利益点，通过这种紧密的掌握和运用，打造出自己独特的核心竞争力。核心功能是企业所擅长的、能为客户创造价值的关键技术、产品或服务，而利益点则是企业能够从中获得利益的关键因素。

在当今激烈的市场竞争中，企业必须明确自身的核心功能和利益点。核心功能是企业的灵魂，决定着企业的生死存亡。只有抓住了核心功能，

极简商业模式：商业模式越简单越好

企业才能够持续创新、不断超越竞争对手。而利益点则是企业的支撑点，决定着企业的利润和发展。只有明确了利益点，企业才能够有效地配置资源、提高效益。

紧握核心功能意味着企业必须保持专注，不断提升自身在核心领域的竞争力。企业应当不断投资于研发和创新，加强技术引领，提高产品或服务的质量和性能、附加值。通过不断完善和优化自身的核心功能，企业能够更好地满足客户需求，并赢得客户的支持和忠诚度。同时，企业还应当不断提高核心功能的壁垒，防止竞争对手的入侵。企业可以通过专利技术保护等手段，保持自身的技术优势，确保核心功能的持续竞争力。

紧握利益点意味着企业必须正确把握市场需求和商业机会，从中挖掘出自身的利益点。企业应当深入了解客户需求和市场动态，准确判断市场的潜力和方向。通过市场分析和产品定位，企业可以确定自身的利益点，并在此基础上制定出明确的发展战略。同时，企业还应当灵活运用商业模式创新和市场营销手段，扩大市场份额，提高市场竞争力，实现自身利益的最大化。

紧握核心功能和利益点是企业打造核心竞争力的关键。只有紧密掌握了核心功能和利益点，企业才能够在竞争激烈的市场中立于不败之地。通过不断优化核心功能和创造利益点，企业能够持续创新，不断提升自身在市场中的地位和竞争力。同时，紧握核心功能和利益点还能够帮助企业更好地配置资源，实现经营效益的最大化。

总之，紧握核心功能和利益点是企业成功的重要保证。企业应当加强战略思维和市场洞察力，深入剖析自身的核心竞争优势和利益点。只有通过不断提升核心功能和挖掘利益点，企业才能够在竞争中立于不败之地，实现持续发展。只有紧紧握住核心功能和利益点，企业才能够在市场中脱颖而出，成就辉煌。

在这里就不得不提出三大思维，平替思维、便宜思维和简化思维。

1. 平替思维

平替思维指在解决问题或处理事情时，能够摒弃传统的二元对立思维，以更加综合和整合的态度去思考：平替思维强调综合各种不同的因素与观点，寻求更具有包容性和协调性的解决方案。

平替思维通常与细分思维相对应。细分思维是将问题或事物分割成各个独立的部分，重点关注其中的一部分，而平替思维则是关注整体，并尝试将各种因素和观点相互融合。

通过平替思维，人们能够超越对立和矛盾，寻找到更全面和综合的解决方案。在跨学科领域或复杂问题的解决中，平替思维尤为重要，因为它能够将多个学科或多个角度的知识和观点结合起来，寻求更有效的解决方法。

所以，平替思维是一种超越传统对立思维的方法，通过整合不同观点来寻求综合性的解决方案。它能够促进创新思维和跨学科合作，提升问题解决的效力。

2. 便宜思维

便宜思维指一种比较适用于购物和消费的心态和方法。它强调以最少的资源和投入获得最大化价值的原则。便宜思维的核心是寻找价格合理的产品或服务，通过比较不同选项的价格、质量和功能等因素，以便在购物决策中做出明智的选择。

便宜思维不仅是追求低价，更重要的是追求物有所值和高性价比。它强调在购物过程中要有计划、有方法地寻找最好的优惠和折扣，同时也要关注产品或服务的质量和性能。便宜思维可以帮助人们在日常生活中节约开支，使有限的金钱得到最大限度的利用。

便宜思维还可以培养人们对价格敏感的意识，使他们更加关注价格波动和市场变化。通过积极比较价格和寻找折扣，人们可以获得更多的选择和更好的交易，提高购物的满意度和成本效益。

由此可见，便宜思维是一种注重节约和理性消费的思维方式，它可以帮助人们在购物和消费中更加明智地做出决策，获得更好的购物体验和更低的投入成本。

3.简化思维

简化思维指通过简化复杂问题、减少冗余信息和提炼核心要点的方法，以更高效、更迅速地理解和解决问题的思维方式。简化思维强调从整体中抽象出关键因素，简化问题的复杂性，使其更易于理解和处理。简化思维可以帮助人们更好地组织和整合信息，加快决策过程，提高问题解决的效率和准确性。

单点打透解决用户问题

做什么事情只要专一，没有做不好的。

在当今互联网、数字化、人工智能时代，用户通过使用各种移动应用程序和网站来满足自己的需求。然而，随着技术的不断发展，用户也面临着更多的问题和挑战。为了解决这些问题，一个关键的策略是通过"单点打透"来解决用户问题。

什么是单点打透？简而言之，它是一种方法，通过使用一个单一的应用程序或网站来提供用户需要的所有解决方案。与之前的多个应用程序和网站不同，单点打透提供了一个统一的平台，用户可以在其中找到他们所需的一切。

以购物为例，过去，用户可能需要下载多个不同的购物应用程序或浏览多个购物网站来购买商品。然而，通过单点打透，用户只需要使用一个购物应用程序或网站，他们将能够访问多个商家的商品，并进行购买。这大大提升了用户的购物体验，并减少了他们需要使用的应用程序和网站的数量。

类似地，在社交媒体方面，用户过去可能需要使用多个社交媒体应用程序或网站来与朋友、家人和同事保持联系。然而，通过单点打透，用户只需要使用一个社交媒体应用程序或网站，他们就能够与多个人群进行交流。这不仅方便了用户，还提高了他们社交的效率。

单点打透还可以在其他领域解决用户的问题。例如，健康和健身领域，用户可能需要使用多个健康和健身应用程序来追踪他们的运动、饮食和睡眠。然而，通过单点打透，用户只需要使用一个应用程序，他们就能够获取所有这些信息，并管理自己的健康和健身目标。

此外，单点打透还可以帮助用户解决旅行、教育、金融和许多其他领域的问题。无论用户需要什么类型的服务或信息，单点打透都可以为他们提供一个简单而高效的解决方案。

在不同行业商业模式落地的过程中，也适用于单点打透法，通过多点发力、单点突破的方式，更容易提高商业模式落地的成功率。

我多年前在担任北京某集团副总裁期间，负责集团业务模式转型后的商业模式"财富倍增计划"在全国市场的落地，在这个以战略合作客户为主体的事业合伙人模式落地的过程中，全国各分、子公司都在同步推进，但在开发第一批事业合伙人期间，实现从零到一的成功开发第一个事业合伙人的省份不是我最看好的南方发达省份的分、子公司，而是地处辽宁的东北事业部成功打响了第一枪。这就是典型的多点发力、单点突破，这个单点突破的前提是多点发力，如果没有单点打透的机制，这个力是发不出来的。

单点打透不仅有助于解决用户问题，还带来了许多其他好处。首先，它减少了用户需要学习和使用多个应用程序和网站的时间和精力。其次，它提高了用户的效率和生产力，因为他们可以更快地找到他们需要的东西。最后，它简化了用户的数字生活，并提供了一个更好的用户体验。

极简商业模式：商业模式越简单越好

尽管单点打透在解决用户问题方面有很多好处，但它仍然面临着一些挑战。首先，整合所有不同的服务和功能可能需要大量的开发和技术支持。其次，鉴于用户的需求和偏好各不相同，提供一个适合所有用户的解决方案可能是一个挑战。最后，用户可能需要适应新的应用程序或网站，在熟悉和理解其功能之前可能需要一些时间来学习。

总的来说，单点打透是一种解决用户问题的有效方法。它提供了一个方便、简单和高效的解决方案，使用户能够轻松满足他们的需求。随着技术的不断发展，我们可以预期单点打透将更加普及，并为用户带来更多的便利。

极简主义是一种生活哲学，强调将生活简化为最基本的元素和最重要的事物。在这个快节奏、信息爆炸的互联网时代，人们往往容易分散注意力，无法专注于一件事情。然而，极简主义的核心理念正是通过减少干扰和杂乱，使我们能够无限专注于一件重要的事情。

当我们将生活中的冗余事务减至最低限度时，我们将获得更多的时间和精力来专注于我们真正关心和重要的事情。极简主义鼓励我们摒弃不必要的物质负担和不必要的社交活动，以便更好地专注于我们的目标和重点。

通过极简主义的方式生活，我们可以更清晰地看到自己的使命和价值观，并为之奋斗。我们可以将全部注意力集中在一个特定的目标上，而不是被太多琐事分散精力。这种专注的能力使我们能够更加高效地完成阶段性目标和取得成功。

无限专注意味着不被外界因素所干扰，如社交媒体的滚动、微信朋友圈的更新、广告的诱惑和其他无关紧要的任务。极简主义者倡导建立一个简明有组织的生活环境，以尽可能少地分散我们的注意力。无论是清理我们的物理空间，还是简化我们的数字生活，都可以将生活剥离掉多余的干扰，使自己能够以更高效、更专注的方式工作。

无限专注也意味着全神贯注，完全沉浸在当前的任务或活动中。当我们摒弃外部干扰并专注于眼前的事情时，我们可以进入一种"心流"状态，完全投入其中，变得无比专注而产生的效果也会更好。这种专注不仅能提高工作效率，还能提升我们的创造力和表现力。

无限专注不仅是在工作或学习中的一种技巧，它也是一种生活态度。它要求我们提醒自己抛开外界干扰，集中注意力在重要的事情上。这需要耐心和毅力，但通过不断的实践和坚持，我们可以逐渐培养出无限专注的习惯。

所以，我们发现，极简主义的核心精神在于无限专注一件事。通过减少干扰和杂乱，我们能够获得更多的时间和精力来将注意力集中在重要的事情上。专注是提高效率和成就的关键，它使我们能够充分发挥潜力并实现自己的目标。无论是在工作、学习还是生活的各个方面，无限专注都是追求成功和满足的重要手段。

第二章 简短流程化设计原则

简短流程化设计原则指在极简商业模式设计过程中,尽可能地减少步骤和流程,使得设计更加简洁、易于理解和操作。具体来说,简短流程化设计原则主要包括精简操作流程、优化信息结构、简化界面设计、提高可靠性等。简短流程化设计原则是一种极为重要的设计思想,能够为设计者提供指导思路和实际操作方法,帮助设计出更加优秀的模式和系统。

模块通用化思维模式

先来解释一下,模块通用化思维模式是一种抽象思维方法,用于将特定模块的功能和组织结构抽象出来,使其能够适用于不同领域和场景。

需要了解的是通用化思维模式的核心思想是将模块中的功能和接口抽象成通用的形式,使其能够适应不同的需求和环境。这种思维模式可以帮助人们提取出模块的核心要素,并将其应用于其他领域。

这么说概念或许有些抽象,我们举一个例子来说一下什么是通用化思维模式。

最简单的例子应该就是和做题有关,尤其是数学、物理、化学等有公式的理科题,我们在上学的时候,老师强调"多做题"的意义就是在于当你见得题型多了,就会直接套用一个公式。下面这两道题:

在一个农场里,有120只鸡和兔子,它们的总脚数是320只,请问农场里有多少只兔子？

一个人买了150只鸡和兔子，它们的总脚数是510只，请问农场里有多少只兔子？

以上都是"有 n 只鸡和兔子，它们有 m 只脚，请问鸡或兔子各有多少只？"的题目，所以，我们可以用"鸡兔同笼"的模式解决。那么，这个模式就是通用化思维模式。

说通俗一点就是能够用于任意题目的模式，但在商业领域和数学领域不一样，不会有固定的公式任你随便使用，每一家企业都具有独特性，那么，如何掌握通用化思维模式呢？

第一步，分析具体模块的功能和组成部分，找出其中的核心要素，即能够推广到其他领域的部分。对于企业来说，就是通过分析企业产品线和业务模式，找到企业发展的核心要素，即能够推广到企业发展方方面面的部分。

第二步，去掉所有特定性，比如，我们会发现每一家餐饮企业的运营模式都差不多，大家都按照相似的模式进行运营。但是超市运营模式和餐饮企业不一样，而你的企业偏偏想要平移超市运营模式的特点来定义自己的餐饮企业，显然具有了不太适合企业发展的特性，要将这些不符合的特性去掉。

第三步，反馈和优化，每一家餐饮企业运营模式都差不多，为什么有的餐饮店做成了"排队两小时，吃饭十分钟"的网红店，有的却门可罗雀的冷淡。原因是做企业不要"孤芳自赏"，而是要按照实际应用情况，收集反馈意见对通用模块进行优化和改进。

大家都是做包子的，小杨包子和大李包子通用化模式就是按照包子店的模式运营，但是，小杨包子只按照通用模式卖包子，大李包子却听取食客建议，除了包子还卖蒸饺、馄饨、大米粥……如此一来，大李包子的样式就多了。

| 极简商业模式：商业模式越简单越好

当然，作为企业可能会有更复杂的通用化模式，不管模式如何，作为经营者需要拥有的是模块通用化思维模式，能够通过使用模块通用化思维模式，可以实现模块的复用和扩展。同时，通用化思维模式也能够帮助人们更好地理解和运用现有的模块，推动创新和进步。

我们再以开发一个通用的电子商务模块作为例子，了解一下模块通用化思维模式。

背景：

一个软件开发公司经常需要开发电子商务网站，每次都需要从头开始开发，费时费力。因此，公司决定开发一个通用的电子商务模块，以便在以后的项目中重复使用。

思维过程：

首先，明确通用电子商务模块需要具备哪些基本功能，如商品展示、购物车管理、订单管理、在线支付、用户管理等。也需要考虑扩展性，使得模块能够满足不同类型的电子商务需求。

其次，基于需求分析，设计模块的架构，包括功能模块的划分、模块间的关系和数据流程等。模块应该可以独立部署和使用，同时也应该易于扩展和定制。并根据模块架构，编写通用的代码，包括基础功能的实现和通用的业务逻辑。代码需要具备良好的可重用性和可维护性。

最后，对模块进行全面的测试，确保功能的正确性和稳定性。同时，根据测试结果进行优化，提高模块的性能和用户体验。将通用电子商务模块应用到具体的项目中，并进行验证。根据实际需求进行调整和定制，确保模块能够满足项目的需求。

通过以上的思维过程，该公司成功开发了一个通用的电子商务模块，并在多个项目中得以重复利用，既提高了开发效率和质量，又节省了时间和成本。

在这一个概念中，也有相对应的"二八定律"，也就是说将80%的资源用于通用组件的思维和实践原则。

这个原则的目的是最大限度地提高资源利用效率，减少资源浪费。通过将80%的资源用于通用组件的开发和维护，可以节约时间、人力和金钱资源，并且可以提高产品的质量和稳定性。对于企业来说，可以实现以下几个好处。

在企业发展过程中，通用组件，也就是通用模块能够在多个产品或者是项目中共享和复用。举个例子，很多时候，企业的产品和服务都是围绕着一个核心产品或服务延展，如果是一家保温杯制作企业，通用组件就是保温杯的杯芯，一个杯子能不能起到保温的效果，看的是杯芯的材质、设计，只要杯芯确定了。不管是儿童保温杯、商务保温杯、养生保温杯，最终变更的只是保温杯的外观。由此可见，通用组件减少了重复开发的工作量，加快开发进度。

在企业发展过程中，通过在多个产品或项目中共享使用通用组件，可以减少资源的重复使用和浪费。例如，公司去年在城市绿化带竞标项目中中标并成功拿下项目，今年公司想要在周边同样规模的城市参加竞标，去年的标书是不是可以作为基础，从上面修改相关条款继续使用呢？或者说，今年派出的团队还是去年成功夺标的团队，团队有经验，团队之间的合作更默契，实际上也是为公司节省了大量的人力、物力、财力。

公司的产品不可能一成不变，我们都需要跟着市场变化，从1.0版本上升到2.0版本、3.0版本，就像是我们的手机，型号一直在变。但唯一确定的是，手机的功能越来越多，手机的性能越来越稳定。由此可以看出，通用组件经过多次使用和测试，在多个产品或项目中得到验证，可以提高产品的质量和可靠性。

通用组件是方便维护和升级的，就拿保温杯杯芯来说，如果想要升级，只需要升级杯芯，只要杯芯升级就代表着整个产品的升级，不管是哪一款的保温杯。所以，通用组件的维护和升级只需要在一个地方进行，不需要在多个产品或项目中重复操作,从而降低了维护成本。

需要注意的是,虽然资源投入 80% 通用组件原则是一种有效的资源利用策略,但并不适用于所有情况。在一些特殊的场景下,可能需要特殊定制的组件或部件来满足特定的需求。因此,在实践中需要根据具体情况进行权衡和选择。

极简供应链和复用资源

这一节我们来讲一下极简供应链和复用资源。

先来看什么是极简供应链。极简供应链,是一种简化供应链管理流程的方法,旨在提高供应链的效率和效果。它通过简化供应链的各个环节和流程来实现,如简化采购流程、简化物流流程、优化仓储管理等。我们从关键思想、核心目标、实际实施应用来看一下极简供应链。

1. 关键思想。极简供应链的关键思想是去除冗余环节和复杂流程,让供应链更加简单、高效。它强调对供应链的整体管理和控制,通过精简流程和优化资源配置来降低成本、提高效率。

2. 核心目标。极简供应链的核心目标是实现快速响应市场需求和降低库存风险。通过减少订单处理时间、缩短物流配送时间和提高供应链灵活性,极简供应链能够更加快速地响应市场需求变化。同时,通过优化库存管理和减少库存积压,可以降低供应链的风险和成本。

3. 实际实施应用。极简供应链的实施需要综合考虑供应链的各个环节,包括采购、生产、物流等。它需要建立高效的信息系统和数据交互机制,以便实现供应链各个环节的协同和整合;同时,还需要进行供应链各个环节的优化和改进,以提高整体供应链的效率和质量。

由此可见,极简供应链是一种通过简化流程、优化资源配置和提高供应链灵活性来提高供应链效率和效果的方法。它能够有效地降低成本、提高响应速度和降低风险，这是现代供应链管理的重要理念。

接下来，我们来看一下什么是复用资源。

复用资源，指在资源使用周期中，尽量减少资源的浪费和损耗，使资源能够得到充分的利用和再利用。就像上一节我们所举的例子，保温杯的杯芯，不管生产什么款式、什么类型的保温杯，杯芯就是复用资源。

不过，在不同领域中，复用资源有不同的含义和方法。因为商业领域很多，在这里就简单地看四个领域。

1.环保领域，复用资源指将废弃物或二次资源经过加工和处理，再次利用于生产过程中。例如，废纸可以经过回收再造成为新的纸张，废塑料可以回收再利用制成新的塑料制品。基本上这一领域的复用资源不难理解，你去看看垃圾分类时的蓝色垃圾桶，也就是"可回收垃圾"所用的垃圾桶，里面都是可复用资源。

2.计算机领域，复用资源指通过共享、重复使用已有的技术组件、模块或软件工具，提高开发效率和降低开发成本。例如，利用开源软件库和框架来开发软件系统，可以避免重复开发已有的功能模块，提高系统的稳定性和可靠性。这个更不难理解了，每个程序开发都会基于一个组件、模块等，就好像一些广告上所说"七天让你学会做手机App、小程序开发"。为什么这么快就能上手？就是因为有可以共享、重复使用的技术。

3.交通领域，复用资源指通过共享交通工具、设施等资源，减少交通拥堵和资源浪费。例如，通过共享单车、共享汽车等交通工具，可以减少个人购买和拥有私人汽车的需求，减少车辆的使用和交通压力。这样举例，你更能了解复用资源的含义。

4.会议活动领域，复用资源指回收大部分会议物料用于下次会议继续使用。很多行业峰会和企业的招商会，是从第一届开始不断延续下去举办第二届、第三届的，其中的会务组工作证、参会代表的嘉宾证、每届固定

|| 极简商业模式：商业模式越简单越好

嘉宾的桌签、会议通用的展架、条幅等大量物料是可以回收重复使用的，大部分物料是可以不用标明第几届的。会议活动的复用资源，还有很多。

总之，复用资源是一种可持续发展的理念和行动，通过合理利用和再利用资源，实现资源的最大化利用，减少资源的损耗和浪费，达到经济效益、环境保护和社会效益的平衡。

在我们了解了复用资源之后，在商业市场上，我们还要去了解什么是优势资源和稀缺资源。看到这两个词，一个是"优势"一个是"稀缺"，很显然与"复用"截然不同。复用资源指的是一个资源重复使用，而优势资源和稀缺资源则是一个资源适应多个应用市场。如何理解呢？我们先从概念来看：

基于优势资源，指的是产品具备一些独特的、优于竞争对手的资源，这些资源可以包括技术、专利、品牌、模式、供应链、渠道等。

基于稀缺资源，指的是产品所需的某些特定资源在市场上相对稀缺，很难被其他竞争对手复制，这些资源可以包括特定平台、商业模式、战略合作伙伴关系、高端人才等。

我们来举一个例子，比如，一个具有强大技术研发实力和专利的电动汽车制造商，可以将其电动汽车在私人消费市场上销售，同时也可以将其技术应用到出租车、物流运输等市场上。

再具体一点，拥有锂电池设计专利的厂家，可以将电池卖给电动车厂家，也可以将电池卖给电动汽车厂家，还可以将电池卖给需要锂电池提供动力的任意产品。

湖南粒丰生物科技有限公司是一家专业从事益生菌、生物发酵饲料、无抗预混料研发、生产、销售为一体的高新技术企业，公司生产的益生菌有人用、大动物用、宠物用、植物用四大板块，既可以开发人用保健食品市场，也可以开发畜禽用的动物保健品等市场，一个是存量市场，另一个是增量市场。

这种策略可以同时带来多个市场的收益，减少产品依赖于单一市场的风险，提高企业的竞争优势和盈利能力。

越是极简，营销模式就要越给力

企业想要发展壮大，靠的是营销，所谓营销就是"卖"，不管企业卖的是产品、服务，还是模式、概念，都需要营销，可以说营销强就是企业强。在如今竞争激烈的市场环境中，企业要想取得成功，营销就显得尤为重要。营销强不仅仅意味着企业能够销售更多的产品或服务，更关键的是，它代表了企业具备适应市场变化、塑造品牌形象、获取竞争优势的能力。因此，可以说营销强就是企业强。

营销将帮助企业了解市场的需求和消费者的偏好。市场是多变的，而消费者的需求也时刻在变化，只有在这变化中保持敏锐的触觉，企业才能及时调整产品或服务定位，满足市场需求。营销强的企业通常会投入大量的资源和精力去开发市场，通过市场研究、调研等手段，收集消费者的反馈和建议，从而持续改进产品或服务，提高消费者满意度。

营销强有助于企业树立良好的品牌形象。品牌是企业的核心竞争力之一，一个强大的品牌能够引领行业潮流，吸引更多的消费者。而营销强的企业通常会通过新闻、广告、公关、推广等手段来传播品牌形象，提升品牌知名度和认知度、美誉度。通过有效的品牌管理和营销策略，企业可以塑造自己独特的品牌形象，与竞争对手区分开来，赢得消费者的认可和信赖。

营销强能够为企业带来竞争优势。不管市场竞争多激烈，只有拥有足够的竞争优势，企业才能在激烈的竞争中立于不败之地。而营销强的企业通常能够以更低的成本获取更多的市场份额，提高销售额和利润。通过差异化战略、客户关系管理等手段，企业能够赢得竞争对手的尊重，形成一种良性的市场竞争格局。

综上所述，营销强就是企业强。一个营销强的企业，不仅能够在市场上取得成功，更能够在长期发展中保持竞争优势。因此，企业应该比以往更加重视营销，加大对营销的投入和支持，提升自身的营销能力，从而实现企业的可持续发展。

这个观点估计也没有人会反对，企业想做大做强必然要先强营销。那么，我们这一节还是围绕着"极简"来说，营销也是越极简越给力。

在这里，我们先来看这样一句话："极简意味着并非解决方案提供商，而是单一关键产品服务商。"

什么意思呢？我来举个例子：沈旭想要开一家咖啡馆，他的启动资金比较丰厚，所以，对咖啡馆的选择还是希望能够开一个连锁咖啡馆，在市场上，咖啡馆品牌和饮品店一样，也有着自己的品牌划分。比如，我们在案例中的咖啡品牌有小幸和小星两个品牌，于是，沈旭就开始自己调研。

小星给出的是开咖啡馆的整个方案，从咖啡馆选址到装修，再从咖啡馆配置到内饰，事无巨细的一本厚厚的方案；小幸就不一样了，它提供的是其他小幸连锁店卖得最好的咖啡的制作流程，也就是说，小幸品牌不管你的选址、装修、内饰，只负责为你提供更好的咖啡原料以及半成品。

如果我是沈旭，我会选择小幸，为什么？我开咖啡馆不是为了陶冶情操，而是为了赚钱，所以，掌握热卖产品的制作技术才是最重要的。至于咖啡馆其他的方案，可以排在后面，甚至是放在一边。

因此，刚才说的"极简意味着并非解决方案提供商，而是单一关键产品服务商"这句话的意思是，极简指的是在产品或服务提供过程中，注重将复杂的事物简化为最核心、最重要的部分。相比解决方案提供商，极简更注重提供一种单一的、关键的产品或服务。

因为从案例上，我们知道解决方案提供商通常会提供综合性的解决方案，涉及多个环节和多个产品或服务，以满足客户的多样化需求。而极简则选择在某一个核心领域或关键环节上提供专业的产品或服务，以解决客户的关键问题。

换句话说，解决方案提供商可能会提供包括硬件、软件、服务等多个方面的资源和解决方案，以满足客户需求的全面性。而极简则会将精力集中在某一方面，通过提供一款优秀的产品或服务来满足客户的特定需求。

再举个例子，我的公司属于中小微企业，但是再小的公司也要按时交税，也会有成本支出、盈利等。所以，若想要管理好公司，A公司是解决方案提供商，可以提供给我管理公司的解决方案，A公司可能会提供一个全套的企业管理软件，涵盖人力资源管理、财务管理、库存管理等多个方面。但是B公司，强调的是极简模式，他们只专注于开发一个出色的财务管理软件，以提供给客户一种简单、易用且功能强大的解决方案，也就是说，B公司会提供给我一款出色的财务管理软件。

对于我来说，该怎么选？肯定是简化自己的工作流程，去掉所有不必要的烦琐工作，也就是说，我不需要整体解决方案，只需要财务管理软件就足够了。

因此，"极简意味着并非解决方案提供商，而是单一关键产品服务商"强调了极简模式下企业所提供的产品或服务的简洁性、专注性和核心性。

由此可以看出，我们在管理企业的时候都会选择"极简"，企业在营销方面，选择极简的营销模式会大大提高企业产品或服务的专注性、专业性。

在线上买东西时，大部分人喜欢专业的店铺，卖衣服的店铺就是卖衣服的，卖鞋子的就只有各式各样的鞋子，卖彩妆的最好都是彩妆。如果我们进入一家店，衣服、鞋子、彩妆、头饰都有，会是一种什么感觉？

或者也有人喜欢综合一点的，就好比逛综合商场，但你有没有发现，商场有综合的，一楼男装、二楼女装、三楼童装、四楼餐饮。但你不会看

极简商业模式： 商业模式越简单越好

到街边小店也会如此布局，除了我们常见的2元店、5元店、杂货店，基本上都是有主题地销售。

再谈感觉，2元店、5元店、杂货店，我们喜欢逛，但它们不是非要出现在我们的消费清单上。可替代性太强了，当你的产品、服务让消费群体有一种"随时可替代"感，就不是好的现象。

我们说极简营销模式，哪些模式属于极简营销模式？

1. 口碑营销，通过客户的口口相传来推广产品或服务，主要依靠产品的品质和客户满意度，不需要过多的广告宣传。

2. 社交媒体营销，利用社交媒体平台，通过发布精准的内容和与用户的互动来吸引关注与传播，提升品牌知名度和销售量。

3. 内容营销，通过发布有价值、可分享和有吸引力的内容来吸引潜在客户，提升品牌的影响力和用户的信任度，进而转化为销售。

4. 众筹营销，通过在众筹平台上预售产品或服务，吸引用户投资购买，并通过用户的口碑传播来推广产品。

5. 联合营销，与其他企业或品牌进行合作营销活动，结成异业联盟，通过互相推广来扩大受众和增加销售额。

6. 会议营销，通过会议营销模式营销技术的创新，旧的元素，新的组合，实现会前、会中、会后的立体式、"三阶段"签约、打款、订货，不断扩大招商、销售战果。

当然，以上仅是一些常见的极简营销模式，具体选择应根据产品或服务的特点、目标受众和预算等因素来决定。

裂变模式依然很有用

裂变模式对于大家来说并不陌生，这个我们在微信这样的社交软件中也比较常见。比如，商家的文案一般就是，集齐多少数量的点赞，就可以享受相对应的优惠。如果能够因为你的分享，给商家带来新客户，可能享受的优惠力度更大。这就是裂变，这样的裂变模式包括现在还都非常适用。

裂变模式指一种营销策略，通过引入创新的产品、服务或推广活动，以吸引新顾客，同时通过口碑传播或社交媒体分享等方式，激发现有顾客的兴趣和参与，从而形成裂变效应，实现新用户数量的快速增长。

裂变模式主要包括以下四个步骤：

第一步，引入创新产品或服务，通过提供新颖、独特的产品或服务，可以吸引新顾客的关注和兴趣。这可以是一个新型的App、一种新的营销活动方式或者是一种独特的用户体验。

第二步，制定裂变策略，裂变模式的关键在于用户之间的传播和分享。因此，制定一套有效的裂变策略是非常重要的。可以通过制定优惠券、推荐奖励或分享有奖等方式，激励现有用户将产品或服务推荐给他们的朋友和家人。

第三步，口碑传播和社交分享，通过提供优质的产品和满意的服务，引导现有用户将他们的体验分享给他人，形成口碑传播。同时，可以在产品中加入分享按钮，让用户可以方便地分享到他们的社交网络。这种社交分享的方式可以快速扩大产品或服务的曝光度，吸引更多的新用户。

第四步，用户参与和互动，裂变模式还可以通过引入用户参与和互动的元素，激发用户对产品的兴趣和参与度。可以设置一些互动式的游戏、抽奖或社交活动，吸引用户积极参与，进一步增加用户黏性和裂变效应。

裂变模式的优势在于可以快速吸引大量的新用户，降低用户获取成本，并且通过口碑传播和社交分享，实现持续的用户增长。然而，裂变模式也需要注意保持产品的质量和用户体验，以确保新用户的满意度和留存率。

裂变营销实际上就是关系营销、社交式网络营销，我们的裂变营销是基于用户之间的彼此信任关系，基于互联网的社交软件。关系营销和社交式网络营销是中小企业中常用的两种市场营销策略。这两种策略都是通过与潜在客户和现有客户建立和维持良好的关系来促进销售和品牌认知的。

关系营销是一种以建立良好关系为重点的市场营销方法。它通过建立与潜在客户和现有客户的互动关系，提供个性化的服务和满足他们的需求来促进销售。关系营销的核心理念是长期价值，它强调建立信任和忠诚度，使客户与企业保持长期的合作关系。中小企业可以利用关系营销来与客户建立深度联系，促进重复购买和口碑传播。

社交式网络营销是一种通过社交媒体平台进行市场营销的策略。随着社交媒体的普及和用户活跃度的增加，社交式网络营销成了中小企业提高品牌曝光度和推广产品的一种重要途径。企业可以通过发布有趣的内容、与用户互动、分享优惠和折扣等方式来吸引潜在客户，并通过社交媒体平台上的分享和互动来扩大品牌的影响力。

中小企业可以将关系营销和社交式网络营销结合起来，形成一个简短的扩展流程。首先，企业可以利用社交媒体平台建立与潜在客户和现有客户的联系，并提供有价值的内容和服务。通过互动与用户建立良好的关系，并引导他们转化为付费客户。一旦建立了关系，企业可以通过个性化的推荐和优惠券等方式激励客户进行重复购买。

此外，企业还可以通过社交媒体平台定期与客户进行沟通，并分享一些与产品或服务相关的信息，如新品发布、促销活动等。这样可以增加客户的参与度，并保持与客户的互动。通过社交媒体平台上用户的转发和分享，企业的品牌曝光度也可以得到进一步的扩大。

总而言之，关系营销和社交式网络营销是中小企业扩展业务的重要策略。通过建立良好的关系和利用社交媒体平台进行市场推广，企业可以更好地与客户互动，提高销售和品牌认知。

帮人省钱的买手模式

帮人省钱的买手模式发展到现在，其实就是"拼单"的一种形式，比如，我买一个保温杯需要129元，但是商家有优惠，一个账号直接下单5个保温杯就可以打九折，一个账号直接下单10个保温杯就可以打八折，也就是说，如果我能够找5个人拼单，买一个保温杯实际花116元，我如果能够找到10个人拼单，那么就只需要花103元就能够买到一个保温杯，比起自己购买，直接节省了26元。

但是，我们身边的朋友或许没有这个需求，也就是说，我周围的亲戚加朋友，再加同事，都凑不出5个订单，怎么办？专业的事儿交给专业的人，这时候就要找专门帮我们省钱的买手。

所以，省钱的买手模式是指为顾客提供购物建议和帮助找到最优惠的购物方案，帮助顾客在购买商品时获得更高的性价比。

当然买手模式并不只是上面的"拼单"模式，以下是一些帮人省钱的买手模式的案例：

1. 折扣专家：买手会定期关注各大电商平台的促销活动和折扣信息，并提前通知顾客，并帮助顾客购买折扣商品，以获取更低的价格。

2. 优惠码分享：买手会收集各类优惠码，包括品牌特惠、团购、满减等，帮助顾客节省购物费用。

3. 比价搜索：买手会根据顾客的需求，在不同电商平台上比较商品价格，并给出最佳购买建议。

4. 代购代理：买手帮助顾客海外购物，从国外购买商品并运送到顾客所在国家，以绕过中间商利润，帮助顾客以更低的价格购买到原产地商品。

5. 集体购买：买手组织团购，将多个顾客的需求集中在一起，以获得更大的折扣，从而节省每个人的购物费用。

6. 二手交易：买手帮助顾客寻找优质的二手商品，并进行检验和验证，以确保商品质量，并提供购买建议。

总的来说，买手通过购物专业知识和资源，帮助顾客寻找到最适合自己的购物方案，从而实现省钱效果。

作为消费者，想办法用比较低的价格买进自己想要的商品，这里就有一个问题：商家如何赚钱？

其实，对于商家来说，用四个字可以形容"薄利多销"，而薄利多销的公司也被称为"低价至上"公司。低价至上公司的主要目标是通过将价格降到最低，使产品和服务对消费者更加可负担和价值之所在。他们通常通过以下方法来实现这一目标：

（1）生产和运营成本的最低化：低价至上公司努力降低产品和服务的生产与运营成本，以便在销售过程中提供更低的价格。他们可能通过使用廉价的材料和工艺、设计简单的产品、有效利用资源和节约能源来实现成本最低化。

（2）利润的最低化或合理化：低价至上公司将利润降到最低甚至让利给消费者，以牺牲个别利润以换取更多的市场份额和客户忠诚度。他们可能通过减少中间环节、实现规模效益、优化供应链和合理定价来平衡利润。

（3）消费者导向的营销策略：低价至上公司将消费者的需求和利益放在首位，通过有效的市场营销和推广策略来实现销量增长。他们可能采取折扣促销、捆绑销售、经常举办促销活动或推出特价产品等，以吸引更多的消费者和提高销售额。

虽然低价至上公司可以吸引一部分追求低价的消费者，但也面临一些挑战。例如，他们可能在产品质量和服务方面面临一些折中，无法提供高品质的产品和个性化的服务。他们还可能面临与竞争对手的"价格战"，导致利润进一步减少。

总体而言，低价至上公司需要权衡利润和消费者利益，通过成本最低化、合理的利润模式和消费者导向的营销策略来实现商业成功。

公司想要挣钱方式有很多的，比如，我们知道办一个会员卡就能够在平时买到更划算的商品。先不说山姆这样不办会员卡就不能购物的大型商超，包括盒马生鲜，如果办了会员卡除了能够享受积分折扣之外，还能享受会员日部分商品的会员价格。一个盒马生鲜的忠实粉丝跟我说，办会员卡能够让她一年省下近2000元。当然，如果只是偶尔去盒马生鲜，近300元的会员费就显得略微高了，但是对于经常购买的消费者来说，办会员卡才是最划算的。

会员收费是一种常见的商业模式，通过向用户提供特定的产品或服务并收取会员费用来获取收益。这种模式主要适用于那些提供具有独特价值的产品或服务的公司。例如，电商平台可以向用户提供会员特权，如包邮、折扣优惠等，并以此收取会员费用。

自限利润率指公司自行设定的限制最高利润水平，比如，小米公司董事长雷军设定的小米生态链的平均利润率是5%。在市场竞争激烈或产品定价敏感的行业中，公司可能自愿设定较低的利润率，以保持价格竞争力，从而吸引更多的客户。这种做法可以帮助公司吸引更多的客户，并增加销售量，但可能会对盈利能力产生一定的影响。

无论是会员收费还是自限利润率，公司都需要仔细考虑市场需求、竞争环境和公司自身的盈利能力，以确定合适的定价策略，以实现可持续的盈利。

极简商业模式：商业模式越简单越好

数字时代需要直线思维

我们已经进入数字时代，并不是说，现在的我们有数字钱包、数字人民币，而是说，我们生活、工作、学习方方面面都离不开数据。这时候，不管是创业者，还是传统企业的经营者，都必须与时俱进，掌握数字时代所需要的直线思维。

在数字时代，直线思维仍然具有重要性。直线思维指在解决问题或开展工作时采取逐步、一步一步的思考和行动方式。在数字化环境下，直线思维可以帮助人们更好地理解和应对复杂的问题，提高工作的效率和准确性。

直线思维是可以帮助人们有效地分析和解决问题。在数字时代，面对海量的数据和信息，人们常常需要从中筛选出有用的信息并进行正确的判断和决策。直线思维可以帮助人们将问题逐步分解，并逐个解决，从而避免混乱和错误的决策。

直线思维还可以帮助人们合理规划和安排工作。在数字时代，工作变得复杂多样，需要处理的事务也越来越多。直线思维可以帮助人们将工作分解成步骤和任务，按照一定的顺序和时间表进行安排，从而提高工作效率和准确性。

直线思维也有助于培养人们的逻辑和思维能力。在数字时代，人们面临着各种各样的信息和观点，需要能够进行辨别和分析，从而形成自己的判断和观点。直线思维可以帮助人们按照逻辑思维的方式进行思考和推理，提高自己的思维能力。

所以，我们发现，尽管数字时代充满了复杂多变的信息和挑战，但直线思维仍然在这个时代中发挥着重要作用。直线思维可以帮助人们分析和解决问题，合理规划和安排工作，培养逻辑和思维能力，从而应对数字时代带来的挑战，取得更好的成绩和效益。

数字时代给我们的生活、工作带来了挑战，同时也带来了便利。举个例子，王阳开了一家自己的公司，公司规模不大，就在王阳生活的北方某六线城镇，主要业务是经营彩妆产品。对于王阳来说，倒退二十年，他想要进货可以去离自己一百多公里的三线城市的批发市场，如果想拿到价格更低的货品就要前往离自己六百多公里的省会城市的批发市场。

然而，他拿到的永远是中间价格，因为三线城市批发商是从省会城市批发商拿货，省会城市批发商是从浙江义乌小商品市场拿货。但是，王阳不会花上几天的时间去离自己两千多公里外的义乌小商品市场拿货。因此，他的产品只是中间价格。

数字时代、互联网时代的来临，使王阳可以直接从网上拿货，如大家都知道1688批发网。货源地直接发货，在进货价格上，王阳就做到了直接从厂家拿货。

所以，消除中间商的竞争是一个持续进行的趋势。在传统商业模式中，中间商通常是产品生产厂家与消费者之间的桥梁，如零售商、经纪人等。然而，随着互联网和数字技术的发展，直接连接生产厂家和消费者的渠道不断增多，使得中间商的角色变得不再必要。

在数字时代，消费者可以直接通过在线市场、电子商务平台等与生产厂家进行交易，避免了额外的中间环节。这样做可以提供更低的价格、更快的交付速度以及更大的选择权。

此外，数字技术还使得信息的透明度大大提高，消费者可以更容易地比较不同生产厂家的产品和价格。而在传统模式下，信息通常是中间商的专有资源，在信息不对称的情况下，消费者的选择权往往受到限制。

因此，数字时代的竞争趋势是消除中间商，直接连接生产厂家与消费者，提高效率和选择性。然而，由于某些行业的特殊性和法律限制，中间商在一些领域中仍然扮演着重要的角色。因此，消除中间商的竞争将是一个持续进行的过程，因而并不意味着全部消除中间商。

那么，我们了解之后，再来看一个数字时代直线思维的案例。

在数字时代，许多传统行业都面临着数字化转型的压力。以传统的零售业为例，许多传统商家在数字时代没有有效应对，依旧坚持传统的线下经营模式，忽视了数字化的机遇与挑战。

和王阳一样，李敏是某二线城市一家传统零售商，在数字时代依然坚持传统的开设线下实体店的模式，而忽视了电商的兴起和消费者购物习惯的改变。这家零售商过去的经营模式以门店的地理位置为核心，通过大规模的门店建设和广告宣传来吸引顾客。然而，在数字时代，随着电子商务的迅猛发展，越来越多的消费者选择在网上购买商品。由于该零售商始终未能积极调整经营策略，仍然依赖传统的实体门店，导致销售额持续下滑，市场份额不断流失。

李敏也着急，但是，她因为缺少直线思维，所以，不管是在推广还是在营销上，看起来都比别人慢了好几拍，对于一个商家来说，"慢"就意味着你在原地踏步，别的商家在跑步。市场份额就那么大，你总是停步不前，会有什么结果呢？

此外，这种直线思维的缺失还反映在该零售商的营销和推广上。他们依然坚持传统的广告宣传方式，如电视广告、报纸广告等，并没有充分利用数字化媒体和社交媒体来与顾客进行互动和沟通。相比之下，其他先进的竞争对手则积极运用互联网和社交媒体的广告投放和精准营销、短视频、直播，吸引了大量的潜在客户。

因此，在数字时代，没有直线思维的企业容易忽视变革的机会和挑战。只有深入洞察数字化变革的趋势，灵活调整经营模式和营销策略，才能在数字时代中获得竞争优势。

极简商业模式基于自我驱动

首先，我们来了解一下，什么是自我驱动？

自我驱动指一个人能够主动并自愿地推动自己的行动，在工作中遇到困难时能够主动自我激励，而不需要公司或平台进行被动激励，在孤立无援的情况下依然能够完成工作任务，并通过自我学习和自我发展来实现自我完善和成长。这表现为一个人具有内在动力和意愿来追求自己的目标和梦想，而不是被外部因素所驱动。

自我驱动对应了一句话："每个人都是自我管理者。"

这句话的意思是每个人都有责任和能力管理与掌控自己的生活和行为。它强调个人应该对自己的决策和行动负责，不依赖于他人的控制或指示来进行自我管理。它还意味着个人应该对自己的行为和决策承担责任，并自觉地寻求自我成长和改善。这一理念反映了个人的自主性、自律性和自我激励的重要性。它提醒我们每个人都有能力控制自己的命运，并通过自我管理来实现个人目标和发展。实际上，这句话就是非常直接地告诉你"自我驱动"的实际意义。

和这句话有着异曲同工之处的还有"每个人都是自己的CEO"。

这句话是不是更具有冲击力，意思是每个人都应该以自己为中心，积极主动地掌控自己的生活和职业发展。它强调个人的责任感和主动性，认为每个人都应该像一家公司的CEO一样管理自己的事务。

这句话的应用并不是只应用于企业管理者、企业运营者、创业者、事业合伙人等身份，具体来说，这句话可以理解为以下四个方面。

极简商业模式：商业模式越简单越好

1. 自我管理。每个人应该学会自我管理，设定个人目标并制订相应的计划，不依赖他人或外界条件来影响自己的发展。自己负责决策、行动和成长。

2. 主动性和创新。作为自己的 CEO，个人需要具备创新能力和主动性，持续寻求新的机会和挑战，不断提高自己的能力和素质，以适应变化的环境并实现个人目标。

3. 自我营销。每个人都应该学会有效地宣传和推广自己的能力与经验，提高自己的个人品牌价值。通过交流和合作建立良好的人际关系，扩大自己的影响力和机会。

4. 企业家精神。这句话也强调个人要有一种企业家精神，敢于冒险和承担风险，积极寻找商业机会和创造价值。个人应该有进取心，不断创造新的机会和价值，与时俱进。

所以，这句话鼓励个人积极主动地掌控自己的生活和职业发展，具备自我管理、创新、自我营销和企业家精神等能力，从而成为自己生活中的领导者。

这一节我们主要讲了自我驱动，但是这一章我们的主题还是"极简商业模式"，我们从极简短链闭环到极简营销模式，都在强调极简商业模式的优势。或许在平时，你也会听到"极简"这样的词，似乎从"断舍离"生活模式风靡全球开始，不管是生活、工作，都开始用一种简洁的方式代替复杂的方式。

其实，不只是我们个人，或者是一些中小企业在运用极简模式，包括一些大型企业、超大型企业，也在部分业务上推动极简模式的应用。比如，亚马逊、京东这样的电商。

亚马逊在过去的几年中，不断努力提高其物流运营效率。他们开发了一种自动化配送系统，可以处理整个订单流程，并实现高效快速的商品配送。该系统包括自动化贮存和拣选设备、无人机配送和机器人配送等技术。

亚马逊通过自动化贮存设备，将商品按照类型、尺寸和销量等信息进行分类和存储。这些设备使用机器人和传感器来管理库存，并确保每个商品都能够快速被找到。然后，当有订单生成时，系统会通过自动化拣选设备，将商品从存储区域中取出，并送往包装区域。

亚马逊还通过无人机配送技术，实现了快速商品配送。他们的无人机会根据订单的地址和时间要求，自动起飞并抵达目的地。无人机配送不仅减少了人工成本，还显著提高了配送速度和效率。

亚马逊还在美国的一些城市测试了机器人配送服务。这些机器人能够自动导航并在城市的街道上行驶，将商品运送到顾客的家门口。这种自动化配送系统不仅可以减少人员成本，还能够 24 小时不间断运作，大大提高了配送的灵活性和效率。

通过这种自动化配送系统，亚马逊实现了高度的自我驱动性。整个订单流程几乎完全由机器人和自动化设备控制，减少了人工干预的必要性。自动化配送系统不仅提高了运营效率，还使亚马逊能够更好地满足不断增长的顾客需求。这种极简商业模式的成功，也为其他电商公司提供了一个很好的借鉴和学习的案例。

第三章 价值生态原则

价值生态原则是一种管理和设计机制，它将重点放在创造和维护具有共同价值的合作关系与相互依存关系上。价值生态原则认为，不同组织与个体的关系应该基于共同利益和价值，通过相互合作来实现共同目标，而不是仅仅追求自身利益。

这一核心理念是，只有通过协同合作和共享资源，各方才能够创造更大的价值。在价值生态系统中，不同组织和个体之间的关系是相互依存的，它们通过相互合作和资源共享来实现互利互惠的局面。

价值生态原则强调建立长期稳定的合作关系，而不是只关注眼前的短期利益。通过共同制订共享的价值目标和行动计划，各方能够在共同利益的基础上开展合作，从而实现更好的价值创造。

在实际应用中，价值生态原则可以应用于各种组织之间的合作，包括企业间的合作、产业链上的协作、社会组织的合作等。它可以帮助不同组织之间建立稳定的合作关系，实现资源的共享和互利共赢的局面。

总的来说，价值生态原则是一种基于共享和合作的管理与设计机制，它可以帮助不同组织和个体建立稳定的合作关系，实现更大的价值创造。它是一种持续性的理念，通过追求共同价值目标来实现互利互惠的关系。

集聚和控制最终客户

看到这个标题，你会想到什么？

"集聚"，比较容易理解，就是把客户集中到自己这里，让客户聚在一起。

最终客户，也非常容易理解，就是最后购买公司产品、服务、概念的客户。

但是，"控制"这个词汇，感觉有点强制性，客户会喜欢吗？

如果在看到标题时，你是这样的想法，只能说，你想多了。

因为，集聚和控制最终客户指企业通过各种渠道和手段，将目标客户集中起来并控制其决策和购买行为。这是市场营销中的一个重要策略，旨在提高销售和盈利能力。

我们分开来讲，先说一下集聚客户主要通过哪几种方式实现：

1. 定位目标市场：企业首先需要明确自己的目标市场是什么，并确定目标客户的特征、需求和购买行为。只有明确目标市场，企业才能更好地集聚客户资源。

2. 有效的市场推广：通过广告、促销活动、市场宣传等手段，吸引目标客户的注意力和兴趣，让他们了解和关注企业的产品或服务。

3. 建立良好的品牌形象：企业需要投入资源来塑造自己的品牌形象，让目标客户认可和信任企业的产品或服务，从而集聚更多的客户。

4. 提供优质的产品或服务：为了吸引和留住目标客户，企业需要不断改进产品或服务的质量，以满足客户的需求和期望。

当我们把客户集聚起来，就要"控制"了，对于企业来说，这个词就是

一个动词,没有任何情感因素。控制最终客户主要通过以下四种方式实现:

1. 客户关系管理:企业可以通过建立客户数据库、定期与客户保持联系、提供个性化的服务等方式来掌握客户的需求和购买行为,从而更好地控制客户资源。

2. 提供差异化的产品或服务:企业可以根据不同客户的需求,提供特定定制的产品或服务,从而控制客户的选择和购买决策。

3. 建立忠诚度计划:企业可以通过积分、福利、特权等方式来鼓励客户长期购买和使用企业的产品或服务,增加客户的忠诚度。

4. 建立品牌认同:企业可以通过品牌建设和口碑营销等方式,让客户对自己的品牌产生认同感,从而控制客户的购买行为。

所以,集聚和控制最终客户是企业市场营销中的关键策略,通过有效的推广和管理手段,企业可以吸引更多的目标客户,并掌握他们的购买行为,从而提高销售和盈利能力。

也许有人会问,我们集聚和控制最终客户中间是不是要增加客户的黏性?因为现在的客户和以前不一样,以前货比三家都难,现在分分钟货比三十家,也就是说,我们该如何黏住客户,毕竟"控制"这个词,不能让它产生任何负面情感。

这里要提出的就是无限贴近用户模式。无限贴近用户模式指在设计产品或服务时,以用户为中心,通过持续不断了解与满足用户需求的方式来进行改进和优化。

在无限贴近用户模式中,企业或设计团队通常会通过以下几个方式来实现:

1. 深入了解用户:通过用户调研、用户访谈和观察等方式,深入了解用户的需求、习惯和偏好,以便更好地满足他们的需求。

2. 迭代式设计:将设计流程分为多个阶段,并在每个阶段进行反馈和调整。这样可以在产品开发的早期阶段就获得用户的反馈,从而避免不必要的错误。

3. 用户体验测试：在产品开发的不同阶段，进行用户体验测试，以评估产品的易用性和用户满意度，并根据测试结果进行调整和改进。

4. 实时反馈机制：建立实时反馈机制，让用户能够随时提供关于产品或服务的意见和反馈。这样可以及时发现问题并进行改进。

5. 数据驱动决策：通过分析用户数据和行为，了解用户的需求和行为模式，并根据数据做出决策，以优化产品或服务。

无限贴近用户模式可以帮助企业或设计团队更好地了解用户，并根据用户需求进行持续改进和优化。这样不仅可以提升产品或服务的用户满意度，还可以增加用户忠诚度和市场份额。

所以，大家发现没有，企业在集聚和控制中间需要无限贴近用户，企业只有通过得到用户的正反馈，才能够持续发展和推出新的业务。用户的正反馈意味着用户对企业的产品或服务感到满意，并愿意继续支持和使用。而企业根据用户的反馈，可以改进现有产品或服务，或者推出符合用户需求的新产品或服务，从而能够吸引更多的用户，并扩大市场份额。换言之，用户的正反馈是企业发展壮大、在竞争激烈的市场中活下去的关键。

我们来展示四个案例：

1. 超市连锁集团：通常通过自己的供应链管理系统来集聚和控制最终客户。它们与各种供应商建立合作关系，通过自有的物流系统将商品从供应商处分发到各门店，然后在门店中销售给最终客户。这样一来，超市连锁集团能够集中控制商品的供应、定价和销售策略，从而对最终客户施加影响。

2. 餐馆连锁品牌：通过统一的供应链和分销网络来集聚和控制最终客户。它们与食材供应商合作，在各门店中统计需求食材的数量，然后通过自有的物流系统将食材分发到各门店，最后由门店提供给最终客户。通过这种方式，餐馆连锁品牌能够保证食材的质量和一致性，同时控制菜品的价格和品牌形象。

3. 电子商务平台：通过自己建立的网站或 App 应用程序集聚和控制最终客户。它们提供一个平台，供供应商和消费者进行交易。平台管理供应商的入驻和产品的展示，同时通过各种推广和定价策略来吸引消费者购买商品。通过这种方式，电子商务平台成为供应商和消费者之间的中介，集聚和控制最终客户的需求和选择。

4. 社交媒体平台：通过提供一个集聚和控制最终客户的平台。它们吸引用户注册并创建个人资料，然后通过个人资料中提供的信息来定向广告和推广产品或服务。社交媒体平台通过分析用户的兴趣和行为，将相关广告和推广内容呈现给用户，从而影响用户的购买决策和行为。

这些案例展示了不同行业和领域中集聚和控制最终客户的方式。通过建立供应链管理系统、物流网络、电子商务平台或社交媒体平台，企业能够集中控制供应和销售过程，从而对最终客户产生影响。

从产品经营到资本经营

首先，我们先来了解一下产品经营和资本经营的概念。

产品经营指通过对产品的研发、生产、营销、供应链管理和售后服务等方面的全面管理与运营，以实现产品在市场上的竞争力和持续盈利能力的过程。产品经营需要从市场需求出发，结合消费者的需求和趋势，进行产品规划和定位，以及市场推广和销售策略的制定，以实现产品的成功运营和市场占有率的提高。同时，产品经营也需要不断进行产品的改进和升级，以适应市场和消费者的变化。

资本经营指利用资金进行企业投资、开发、经营和管理的活动。资本经营的方式包括并购、股权投资、股票投资、债券投资、房地产投资、事业合伙投资等。资本经营的目的是通过投资获得收益，提高资金的使用效率，实现资产增值、利润分红，甚至进入资本市场，成为上市公司。可以说，资本经营对于企业的发展和经营管理具有重要的作用。

很多人终其一生一事无成，只是一个普普通通的打工者、经营者。对于个人经营者来说，普通人实现财务自由的方式除创业外，成为具有高速增长和可持续发展潜力的创新型企业的投资人、股东可能是最佳方式，这也是从产品经营升级到资本经营的一种方式。相比创业面临的不确定性，投资成为股东的经营风险要小很多。

现在，你在公司有没有持有股权和持有股权的数量决定了你在公司的地位和实力。未来，在家庭资产的构成中，股权也将占有一定的比重，持有股权的数量和质量也将从很大程度上决定我们的身价。

为何我们说当下商业模式已经从产品经营到资本经营了呢？

从产品经营到资本经营，是企业发展中的一种重要转变。随着经济全球化的深入发展，市场竞争日益激烈，企业面临着越来越多的挑战和机遇。在这样的大背景下，传统的产品经营模式已经无法满足企业的发展需求，转向资本经营成了众多企业的选择。

传统的产品经营模式注重的是产品的研发、生产和销售，以产品为中心进行经营。而资本经营则是以"产品为根，模式为本，资本为魂"，以资本为纽带，产品经营和资本经营相结合，通过资本的运作和配置来实现企业价值的最大化。资本经营更注重价值链的整合和利益的最大化，通过对资源的合理配置和资本的运作，实现更高效率和更高附加值的经营效果。

商业模式的转变意味着企业在战略方向上的转变。传统的产品经营模式注重产品的品质和技术的创新，着眼于产品本身的竞争力。而资本经营则更注重企业在产业链上的地位和资源的整合能力，通过资本的整合和配置来参与产业链的各环节，实现产业链的延伸和价值链的整合。资本经营更多地关注整体资源配置和产业链的布局，通过资本运作实现战略的最大化。

| 极简商业模式：商业模式越简单越好

商业模式的转变也体现了企业在经营理念上的转变。传统的产品经营模式更注重产品和技术的创新，追求产品销售额和市场份额的增长。而资本经营更注重资源的整合和配置，通过资本的运作实现资本的增值和企业商业价值的最大化。资本经营更多地关注资本的流动和溢价，通过资源的整合和资本的运作实现企业商业价值的增长。

总的来说，从产品经营到资本经营是企业在发展过程中的一种重要转变。随着经济的发展和市场竞争的加剧，传统的产品经营模式已经无法满足企业的发展需求，资本经营成了众多企业的选择。企业要顺应时代潮流，抓住资本经营的机遇，转变发展理念和经营方式，实现从产品经营到资本经营的转变，实现企业的可持续发展和商业价值的最大化。

我们举三个耳熟能详的品牌案例：

1. 老板电器（ROBAM）：老板电器最初是一家专注于厨房电器的公司，通过产品经营建立了良好的品牌形象。随后，公司开始进行资本经营，通过收购其他家电公司和进行战略投资，扩大了公司规模，进入了更多的家电领域，实现了品牌的多元化发展。

2. 联想集团：最初以个人电脑产品而闻名的联想集团，通过产品经营在全球范围内建立了强大的品牌。随后，公司开始进行资本经营，在多个领域进行投资和收购，包括手机、服务器、存储设备等，逐渐实现了多元化和全球化发展。

3. 宜家（IKEA）：宜家是一家著名的家具零售公司，最初以产品经营和自有设计的家具产品而知名。随后，公司开始进行资本经营，通过收购土地、建立供应链、推出新的品牌产品线等方式，逐渐扩大了公司的规模和影响力。

这些案例表明，从产品经营到资本经营的转变，能够帮助企业实现品牌的多元化发展和全球化扩张。通过资本运作，企业可以更好地利用资源，实现产业链的整合和创新，为品牌发展注入更多的动力和活力。

生态强者将极简留给用户，复杂留给自己

这一章提出一个概念叫作"生态强者"，生态强者指在某个生态系统中，能够有效地控制和管理资源的个体或组织。在这种情况下，生态强者应该将极简的工作留给用户处理，而将复杂的工作留给自己来处理。

极简留给用户是为了提供简洁、高效的用户体验。用户通常喜欢简单、直观的界面和操作流程，他们更希望可以轻松地完成自己的操作，而不需要花费过多的时间和精力。因此，生态强者应该努力简化用户界面和操作，以便用户能够快速上手，并且能够轻松地完成相关任务。

而复杂留给自己是为了保持生态强者的竞争优势和核心技术。复杂的问题和工作往往需要更深入的专业知识与技术能力来解决，对于一般用户来说可能不太容易理解和处理。生态强者应该将这些复杂的问题和工作留给自己，通过自己的技术实力和专业知识来解决，从而提供更高级、更专业的解决方案和服务。

通过将极简留给用户、复杂留给自己，生态强者可以更好地实现资源的有效利用和管理，同时也可以提供更好的用户体验和解决方案，从而在生态系统中取得更强的竞争优势。

举个例子，我们现在大部分人都在使用微信。不知道有没有人记得中国移动旗下一款叫作"飞信"的软件，用着用着就没了。

微信，2011年上线之后，至今13年，大家越用越依赖。

飞信，2007年上线之后，截至2021年全面停止运营，14年的时间，飞信成为历史。

实际上，飞信在微信出来之后，基本上用户就以团体客户为主了，个

| 极简商业模式：商业模式越简单越好

人用户很少。为什么少？我用过，真的用起来没有微信简洁、便捷、快捷。

所以，微信把极简留给了你、我、他这样的用户，而将复杂的技术更新等留给了自己。从而获得了大家的认同，进而成为习惯和生活中不可缺少的一部分。

如果有人让你卸载微信，你会觉得他在开玩笑。因为，你的生活、工作、学习在微信上，你的爱情、友情、亲情也在通过微信传递。

但是有人觉得自己卸载掉飞信，会打乱了自己的生活，不会的！

所以，这就是生态强者所具有的优势竞争力，在这样的衬托下，对手，毫无竞争优势！

当然了，我们再从微信和飞信的角度介入，看另外一个问题，那就是专注于自己的产品和服务价值的意义。

专注于自己的产品和服务价值有什么意义呢？它能够帮助企业构建独特的品牌和竞争优势。通过深入了解自己的产品和服务的特点以及所能提供的价值，企业能够确定自己的核心竞争力和差异化优势。这可以让企业更好地满足客户的需求，提供更好的产品和服务，并赢得客户的忠诚和支持。

另外，专注于自己的产品和服务价值还能够帮助企业更好地应对市场竞争和变化。当企业清楚自己的产品和服务在市场中的定位与价值时，可以更加准确地认识到市场的需求和趋势，从而更好地制定市场策略和产品规划。这可以帮助企业更好地适应市场变化，保持竞争力并获得持续的业务增长。

而且，对于企业本身来说，专注于自己的产品和服务价值还可以提升企业的内部协作与运营效率。当企业明确了自己的核心价值和战略目标时，可以更有针对性地吸引和培养适合企业文化与战略目标的员工，激发员工的动力和创造力。同时，专注于产品和服务价值也能够帮助企业更加高效地组织和管理资源，提高生产效率和产品质量水平。

所以，企业无论大小，必须专注于自己的产品和服务价值对企业发展至关重要。它可以帮助企业建立独特的品牌和竞争优势，更好地满足客户需求并应对市场变化，同时提升内部协作和运营效率。

微信是腾讯旗下的，腾讯是一家超大的平台化企业，它的经验不能被复制到中小企业身上，因为中小企业没有雄厚的财力支持，或许在任何方面都有掣肘。但是，中小企业的特点是灵活，那么对于中小企业来说，可以通过极简模式来提升盈利能力。

做企业的目的是赚钱，这是我们每个企业经营者的目标，那么没有庞大的产品服务体系，作为中小企业我们怎么赚钱？

1. 精减成本。中小企业可以通过减少不必要的开支，例如，裁减低效能人员或调整办公场所，来降低成本。同时，优化供应链，寻找更优惠的供应商或原材料，也能帮助降低成本。

2. 精细化经营。通过深入分析企业的核心竞争力和市场需求，中小企业可以更精准地定位自己的产品或服务，并将资源集中在这些领域上，避免资源的过度分散。这样可以提高企业的运营效率，降低营销成本，增加利润。

3. 创新产品或服务。中小企业可以通过创新产品或服务来赢得市场份额。这可以是添加新功能，改进现有产品或服务，或者推出全新的产品或服务。通过满足市场的不同需求和提供更多的价值给客户，企业可以增加销售收入。

4. 战略合作伙伴关系。通过与其他企业建立战略合作伙伴关系，中小企业可以联合开展采购、营销、销售、培训和研发等活动，实现资源共享和互利共赢。这样可以降低企业的投资风险和开发成本，同时也能扩大企业的市场影响力。

5. 线上推广和销售。中小企业可以通过建立自己的线上销售渠道，将产品或服务推广给更多的潜在客户。借助互联网和社交媒体的力量，中小企业可以实现低成本地推广和销售，进而增加收入。

小企业有小企业的办法，我们可以通过精减成本、精细化经营、创新产品或服务、建立战略合作伙伴关系以及线上推广和销售，中小企业可以在极简模式下实现盈利和增长。

极简企业都有自己的一亩三分地

极简企业都有自己发展的沃土，也都有自己发展的空间，但是，在这一节，我们提出的是四个概念：根据地思维、私域网络、会员模式、复购用户群。

接下来，我们一个一个地进行简单的阐述。

1. 根据地思维

根据地思维在企业市场营销层面，主要体现在开发新市场时，首先建立根据地市场、区域样板市场，也就是建立核心市场，再通过根据地市场带动其他市场的开发。

根据地思维也是一种以实际经验和具体事实为基础的思维方式。它强调通过观察、实践和实证来优化商业模式。与理论推理相比，根据地思维更强调实际应用和实际结果。

根据地思维具有的特点包括：着眼于实际，根据地思维首先关注现实生活中的情况和问题，而不是纯粹的理论或抽象概念；重视经验，它基于个人或集体的经验和实践，强调实际观察和实践中的结果；注重实证，根据地思维依赖于可验证的证据和事实，避免凭空臆断或未经验证的理论；强调可行性，根据地思维强调实际可行性和实用性，考虑到资源、条件和限制，从而制订出切实可行的方案和解决方法；贴近实际问题，它关注实际问题和挑战，努力提供实际解决方案，帮助人们解决实际困境和改善实际生活。

举个简单的例子，根据地思维实际上就是你的企业在创业之初，对客户群体、消费群体、服务、产品等的一个定位。比如，在幼儿园、小学扎堆的社区附近，开一家母婴店、玩具店、文具店，生意肯定很好。如果，在空巢老人、独居老人居多的社区，开一家老年人餐厅、上门护理服务公司，生意也肯定不错。

青岛波尼亚食品集团是中国肉类食品50强、青岛市"菜篮子工程"民生保供企业、2018年上合峰会熟食供应商，生猪屠宰年产能达80万头，肉制品和高端熟食年产量突破3万多吨，每天都有丰富美味的肉制品和高端熟食热销全国各地，作为青岛的本地老品牌，青岛市场就是它的根据地市场。

再举个例子，北京千禧农商贸有限公司是北京最大的品牌鸡蛋运营商，旗下的"千禧农"品牌鸡蛋畅销京津冀市场，特别是在北京的商超、社区团购等渠道的市场占有率位居于前列，对千禧农来说，北京市场就是它的根据地市场。依托在京津冀市场形成的品牌势能，千禧农已经具备了通过根据地市场拉动更大市场空间的潜能。

所以，根据地思维说了这么多，实际上就是你要明确自己所出售产品、服务的定位、消费群体的定位。

另外，根据地思维不局限于领域，它在许多领域都有应用，特别适用于工程、计划、设计等需要考虑实际情况和需求的领域。与纯理论思考相比，根据地思维更能帮助人们有效解决实际问题，并推动实践与理论的密切结合。

2. 私域网络

私域网络指由个人、企业或组织自建、自控的网络系统，包括用户基础和用户关系的构建、内容生产和传播、营销推广、销售与服务等环节。私域网络的核心是建立和拥有用户数据，通过深度互动和精准化运营，实现用户黏性和增长，提供个性化的产品和服务，从而实现商业价值的最大化。

私域网络与传统的公域网络有所区别，公域网络主要依赖于第三方平台或社交媒体平台，用户对平台的黏性较强，信息流通受限，而私域网络主要依赖于自建网站、微信公众号、小程序、社群等，用户关系更为稳固，信息流通更为自由。

私域网络的优势在于建立了用户关系的独立性和稳定性，减少了对第三方平台的依赖，可以更好地控制用户数据和用户体验，并根据用户的需求个性化地进行产品和服务的提供，提高用户黏性和用户忠诚度。同时私域网络可以通过精准的用户画像和数据分析，进行精准营销和目标用户的开发，提高销售效率和商业价值。

然而，私域网络也面临一些挑战，如获取用户的成本较高、建立用户关系的耗时、用户数据保护和隐私政策的合规等问题，需要企业与个人在搭建和运营私域网络时合理规划和解决。

举个简单的例子，在适合开母婴用品店的社区，开了一家母婴用品店。我们通过小红书、今日头条等渠道发广告，这叫作公域网络。我们在开店的时候，和每一位进来购买商品的顾客建立了微信联系，或者是让他们进入店铺的微信群，有广告的时候直接发给曾经在店里消费过的用户，这是你利用私域网络进行宣传。

其实，私域网络虽然耗时，但是与客户建立起来的关系相对来说黏性比较大。举个例子，一家非常不错的理发店，因为合同到期要搬家了，这时候对于理发店老板来说，利用自己的私域网络发一个地址更换的消息，让老客户直接去新地址，如果新址和旧址并没有距离太远，或者说都还在一个社区，那么社区里的老客户还是会光顾的。

3. 会员模式

会员模式是常规模式，通过让顾客支付一定的会员费用，使其成为会员并享受一系列特权和优惠服务。这种模式通常在零售、餐饮、娱乐等行业中应用较为广泛。不过，近两年，因为充值会员卡结果店铺突然关门走人，会员卡里面的钱花不出去、退不回来的事情比较多，很多消费者对于提前预存款的会员卡并不感兴趣。但是，如果只是积分会员卡，而不是预存款会员卡，消费者还是非常乐意办一张会员卡的。

会员模式的特点包括：专属特权，会员享受独特的特权，如折扣、礼品、生日福利等，让顾客感受到特别的待遇，增加对品牌的忠诚度；长期关系，会员模式通过建立长期的关系，使顾客与企业之间形成稳定的互动，企业可以通过与会员保持沟通联系，了解其需求并提供个性化的服务，从而提高顾客满意度和忠诚度；数据积累，会员模式可以收集顾客的消费数据，包括购买偏好、消费频次等，通过分析这些数据，企业可以更好地了解顾客需求，进行精准营销和个性化推荐，提高销售效果；品牌忠诚度，通过提供良好的会员服务和特权，企业可以增强顾客对品牌的认同感和忠诚度，进而增加复购率和口碑传播效果。

会员模式对企业来说是一种双赢的商业模式，可以增加顾客忠诚度，提高销售效果，同时也为顾客提供独特的价值和体验。

4.复购用户群

复购用户群这个短语的重点在于"复购"和"群"，复购就是不止一次购买，是再次购买、三次购买，而"群"指的则是一个群体，而非单独的消费者个人。

复购用户群指的是在一定时间段内多次在同一商家或品牌购买商品或服务的用户群体。这些用户具有较高的忠诚度，对于商家来说是重要的客户资源。

怎么来分辨某一个群体是不是复购用户群，可以通过分析用户购买数据来识别。常用的分析指标包括复购率、回购周期、购买频次等。通过了解复购用户的购买行为和喜好，商家可以有针对性地提供个性化的促销活

极简商业模式：商业模式越简单越好

动和服务，进一步提高用户的复购率和忠诚度。

需要清楚的是，复购用户群对于商家来说具有很大的商业价值。首先，复购用户的购买行为相对稳定，能够提供一定的稳定收入。其次，复购用户对品牌或商家的认同度较高，容易成为品牌的口碑传播者，为商家带来更多的新用户。此外，复购用户群还可以作为市场推广和产品开发的重要参考对象，通过了解其需求和消费习惯，商家可以优化产品和服务，提高市场竞争力。

因此，商家需要重视复购用户群的发展和管理，通过提供个性化的优惠和服务，加强与用户的互动和沟通，提高他们的购买满意度和忠诚度，进一步推动业务的发展。

极简设计都坚持微生态模式

我们在上面的内容中提到了一个生态模式，说了生态强者的生存方式。这一节，我们来说一下微生态模式。

微生态模式是一种以最小化设计元素为基础的设计方法。它强调在设计中使用最少的元素和最简单的结构来表达所需的功能和美学。这种设计方法去除了不必要的复杂性和冗余，使设计更加简洁、易于理解和使用。

而极简设计往往又都是基于坚持微生态模式，这是为了实现一个简约、高效、有序的设计理念。在极简设计中，微生态模式体现在以下几个方面：极简设计使用尽可能少的元素来表达设计意图；极简设计追求将设计元素降到最低；极简设计强调功能的直观表达。

举一个成功的企业微生态模式案例是重庆农神控股（集团）有限公司。农神控股依托国家生猪技术创新中心、重庆市畜牧科学院、西南大学为技术支撑，业务涉及微生物菌剂、环境工程、检测认证、大数据四大板块。

农神控股的环境工程板块是我国最早利用畜禽养殖及农业废弃物进行资源化利用的平台之一，拥有国家发明专利56项，涉及微生物菌剂、生物肥料、生物农药等多个领域。农神控股秉承"治天下污染、兴世代农业"的宗旨，围绕国家战略需求，启动国家畜禽粪污资源化利用整县推进项目，正在构建"1+7+20+N"的全国产业空间布局体系，一个庞大的助力乡村振兴的生物有机肥产业联合体呼之欲出。

不过，这里想要举一些更加贴近我们生活的中小企业，比如，社区里面的商业，社区繁荣的商业主要组成部分就是中小微企业。我们很多企业在选择经营地点的时候，往往会希望自己置身于商业楼宇之中，实际上，却忽略了将企业开在社区内的优势。

这里要提出一个概念"社区游泳馆模式"，社区游泳馆模式指在社区内设置游泳馆，为社区居民提供方便的游泳场所和设施。这种模式的特点有以下几种：

面向社区居民，社区游泳馆主要服务于社区居民，为他们提供方便、近距离的游泳场所；便利的位置，社区游泳馆通常设置在社区内部或附近，方便居民前往；全年开放，社区游泳馆一般全年开放，提供持续的游泳服务；多样化的设施，社区游泳馆通常配备多个泳池和相关设施，如深水区、浅水区、儿童区、健身区等，以满足不同居民的需求；提供培训课程，社区游泳馆通常提供游泳培训课程，包括儿童游泳课程、成人游泳课程等，提高居民的游泳技能；社区活动和健康促进，社区游泳馆还可以举办社区游泳比赛、健康讲座等活动，促进居民的身心健康。社区游泳馆模式的优势是方便居民游泳和锻炼身体，提高社区居民的生活质量。同时，社区游泳馆也有助于增加社区的凝聚力和社会交流，促进邻里关系的发展。

不过，社区游泳馆模式并不只是指社区游泳馆，还可以是社区图书馆、社区咖啡馆、社区超市、社区特产店等。总体来说，体现的就是一个微生态模式。

长久活下去是模式设计的核心

企业一定要以长久活下去为极简商业模式设计的核心，我们做企业就是希望做得久一点。就像是做餐饮，谁都希望自己做成百年老店。

我们说做企业就跟做系统一样，想要确保系统能够长期有效的运行才是模式设计中最重要的。

对于系统来说，模式设计是一种为解决特定问题或达到特定目标而提供的指导方案。而要确保一个系统能够长期活下去，就需要考虑系统的可维护性、可扩展性、可复用性等方面。

首先，模式设计需要关注系统的可维护性。一个系统在长期运行过程中不可避免地会遇到各种问题和变化，而模式设计可以提供一种结构化的方法来组织代码和功能，使得系统的修改和维护更加容易。通过设计良好的模式，开发人员可以快速定位和解决问题，使得系统能够持续地提供稳定的服务。

其次，模式设计还需要考虑系统的可扩展性。随着业务的发展和用户需求的变化，系统常常需要进行功能扩展或性能优化。通过合理的模式设计，系统可以更加灵活地支持新的需求和变化，避免代码的混乱和功能的冗余，从而方便系统的持续发展和更新。

最后，模式设计也需要考虑系统的可复用性。一个好的模式设计可以将系统的功能和组件进行抽象和分离，使得它们可以被多个场景和应用共享和复用。这样可以减少重复开发的工作量，提高代码的可复用性和维护性，从而节省时间和资源。

一个系统都要如此，更何况一家企业。我们在进行模式设计的时候，一定要考虑到自己的企业是否能长久地存活下去。在小学旁边开一家文具店，小学一般不会更换地址，所以，文具店开在小学门口就是一个长久的生意。

在职场年轻人比较多、租房率非常高的社区开一家快餐店，也是一个长久的生意。年轻人下班之后到家也就七八点钟，甚至是八九点钟，租房基本上不会整租，没有自己的厨房，如何解决早餐、晚餐，就只能外卖或者是堂食。所以，做一家快餐店，不管是外卖还是堂食，都是稳赚不赔且长久的生意。

所以，长久活下去是模式设计的核心意味着在进行模式设计时，需要考虑和优化自己的产品、服务，以确保系统在长期运行中能够稳定、高效地提供服务。

从而我们也可以看出，一个企业、一家店铺想要长期生存和发展，需要一个简单的模式设计将自己与某一类人的生活紧密联系在一起。

文具店联系起来的是小学生这个消费群体，当然付账的是小学生家长；快餐店联系起来的是在社区租住没房子的职场年轻人。

这就意味着，一个长期成功的模式设计需要考虑特定人群的需求和喜好。只有当模式设计与特定人群的生活方式和价值观相吻合时，人们才会对该设计感兴趣并长期使用。如果一个设计无法绑定到某一类人的生活中，它很难得到广泛接受并持续存在。我们在学校门口开一家快餐店，孩子们吃饭有三个渠道：被家长接回家吃饭、留在学校吃饭、去托管班吃饭。

而且，作为家长接不了孩子也不想让孩子留校，只会选择专业的小饭桌、托管班，而不会选择快餐厅。由此可见，你的企业所提供的服务、产品、概念，必须是符合某一类人的需求。只有这样，才会有固定的消费群体，才能够达到长期发展的效果。

举个例子，假设你设计了一款新型智能手机，但并没有深入了解目标用户群体的习惯和偏好。结果，你的产品可能无法满足用户的需求，因此

63

极简商业模式： 商业模式越简单越好

无法获得长期成功。相反地，如果你在设计过程中充分了解并满足目标用户的需求，你的产品更容易被市场接受并保持长久的竞争力。

因此，要想在市场上建立长期的成功，设计者需要将注意力集中在特定人群的生活方式和需求上，并通过设计来满足他们的期望和需求。这样的模式设计能够与用户建立情感连接并在市场中保持竞争力。

我们说了这么多，实际上这一节总结起来就一句话："生活方式才是最大的需求生态。"

这句话可以理解为，一个人的生活方式决定了其需求和消费行为，我们来简单分析一下。

首先，人们的生活方式包括了他们的价值观、习惯、个人偏好等方面。这些因素会影响到他们对生活的需求，例如，是否注重健康、是否注重环保、是否注重品质等。一个人不同的需求和偏好会导致不同的消费行为和购买决策。

其次，生活方式也会影响一个人的消费行为和需求。一个人的生活方式会决定他们的社交圈子、职业选择、居住环境等。这些因素会直接或间接影响到一个人的需求，从而影响他们的消费行为。例如，一个人选择了高压力的工作环境，可能会更加注重放松和休闲的需求，从而导致更多对旅游、娱乐等相关产品和服务的消费。

最后，理解"生活方式才是最大的需求生态"可以帮助我们更好地了解消费行为背后的动因和需求驱动力。在市场营销和产品设计中，了解不同生活方式的消费者群体的需求和喜好，可以更准确地满足他们的需求，提供更合适的产品和服务。同样地，在个人生活中，也可以通过调整生活方式来改变消费行为，使其更符合自己的需求和价值观。

第四章　轻重资产再布局原则

轻重资产再布局原则指的是对已有资产进行重新分配和调整，让资产配置更加合理，增加投资回报率的原则。一般来说，轻重资产再布局是根据资产的重要性和价值进行评估。将资产分为重要性较高和重要性较低的两类，以确定哪些资产应该得到更多的重视和保护。

另外，在资产再布局过程中要考虑资产的流动性和风险。此外，要考虑资产的收益和增值潜力。将资产分为潜在增长的和稳定收益的两类，以确定投资的重点和策略。对于具有增值潜力的资产，可适当增加投资，以期获取更高回报。

其实这个原则也和"不把鸡蛋放在同一个篮子里"有异曲同工之处，只不过，这个是分两个篮子，一个放"轻"——比较少的鸡蛋；另一个放"重"——比较多的鸡蛋。或者可以理解为，一个篮子放 5 元一斤的普通鸡蛋，另一个篮子放 9 元一斤的柴鸡蛋。

当前，中国很多传统行业都面临产能过剩的难题，以传统制造业和农牧行业为例，大量服装企业、饲料企业、动保企业的产能闲置，因为自身销量或销售额断崖式下跌等因素，制造费用居高不下，销售利润寥寥无几。产能闲置对制造型企业本身来讲是一场灾难，但对那些轻资产运营的营销型企业来说却是一次逆势增长的机会，通过代工的方式利用制造型企业的闲置产能，这已经不是大幅降低了自身的生产成本，而是享受了行业产能过剩的红利。站在商业模式的角度，这何尝不是一个新的商业机会。

总之，轻重资产再布局原则是根据资产的重要性、流动性、风险、收益和分散投资等因素来确定如何合理配置和调整资产。这样可以使资产组合更加稳健和有利可图。

> 极简商业模式：商业模式越简单越好

极简模式，极简团队，极简管理，极简营销

这一节我们离不开"极简"两个字，极简模式、极简团队、极简管理、极简营销，可以看出我们从商业模式到团队组建，从企业管理到营销模式，都选择了极简。

1. 极简模式

之前也说了不少关于极简模式的话题，极简模式首先是一种简单、高效、可复制的商业模式。湖南鑫美龙生物科技集团有限公司初创于2012年，是中国农牧行业一家以教槽料和预混料为主要赛道的饲料企业，公司坚持特而精的发展模式，通过"把产品品质做到极致，把利益分配做到极致"的"两个极致"商业模式，删减了大量的管理环节，重点把产品品质和利益分配两个核心点做到了极致，在向合作伙伴输出高品质、高性价比的产品的同时，把经营利润的大部分让利给了全国各地的战略合作伙伴，才能在竞争异常激烈的预混料行业逆势增长、脱颖而出、后来居上，成了中国南方预混料行业的一匹"黑马"。

极简模式也是一种简化和精简的设计方式，它去除了多余的元素和功能，以实现更简洁直观的体验。极简模式经常被应用于移动应用程序、电子产品和网页设计中，它可以提高用户对产品的使用效率和满意度，同时也符合年轻一代用户追求简单和便捷的需求。

2. 极简团队

其实，中小微企业的团队大概都不会有很多人，这是一件好事。极简团队，顾名思义，指的是能够以最简单、高效的方式完成工作任务的团队。这样的团队通常重视简洁、高效、迅速的沟通和决策方式，注重合理分工

和有效的时间管理。

我们看一下极简团队的特点是什么：

（1）简洁的团队结构。极简团队通常由少数核心成员组成，每个成员都承担着明确的角色和责任，避免不必要的层级和复杂的决策过程。

（2）高效的沟通方式。极简团队注重直接、清晰、即时的沟通方式，避免过多的会议和冗长的邮件交流，倾向于使用简洁明了的沟通工具和方式，确保信息传递的准确性和高效性。

（3）快速的决策过程。极简团队倾向于采取快速的决策方式，避免过度思考和拖延决策的情况发生。他们注重有效的信息收集和分析，迅速做出决策并以此为基础进行行动。

（4）合理的分工和协作。极简团队明确项目成员的责任和任务分工，确保每个成员都专注于自己的领域并高效完成工作。他们注重团队协作和相互支持，通过合理的分工和协作来提高整体工作效率。

（5）有效的时间管理。极简团队注重高效利用时间，通过合理规划和优化工作流程，尽可能减少工作中的浪费时间和精力，提高工作效率。

所以，极简团队的优势在于能够以最简单、高效的方式完成工作任务，避免决策和沟通过程的复杂性，提高工作效率和团队成员的满意度。然而，极简团队也需要注意避免过度简化和不良的沟通方式带来的问题，确保团队成员的参与感和沟通效果。

一般来说，极简团队很难出现"浑水摸鱼"的员工，毕竟"一个萝卜一个坑"，甚至是"一个萝卜多个坑"，不干活的话很容易被发现。和大型公司冗员不一样，极简团队分工明确，并且对每个员工的工作能力、工作态度、工作效率、工作结果都是一目了然。

3. 极简管理

极简管理是一种管理理念和方法，旨在通过简化管理过程和工具，提高工作效率和生产力。它强调简化流程、减少冗余和烦琐的管理工作，以便更好地集中精力在核心任务上。

极简管理的关键原则包括：简化流程，通过优化流程和流程设计，减少无效环节和烦琐的管理步骤，提高工作效率和响应速度；减少冗余，避免重复的工作和信息重复，通过整合和协同工作，减少冗余工作过程和资源浪费；简化工具，选择简洁、易用、高效的管理工具和软件，避免过多的技术复杂性和学习成本；谨慎决策，减少决策层级和复杂性，避免过多的评审和审批流程，提高决策效率和拍板速度；集中力量，将精力和资源集中在核心业务和战略上，避免过多的分散和涣散。

极简管理可以带来多重好处，包括更高的工作效率、更好的工作体验和更高的生产力。它可以帮助企业和个人更好地应对变革、适应日益快速变化的市场和工作环境，提高竞争力和持续发展能力。

4. 极简营销

极简营销强调在不浪费大量时间和资源的前提下，通过精准的营销手段来实现营销目标，如利用社交媒体平台、开展短期促销等。极简营销的核心理念是"做最少的事情，收获最大的效果"。

极简营销的特点就是精准定位目标受众，突出营销重点。并且能够利用简单易行的方式来进行宣传推广，如使用短视频、朋友圈、微信公众号、微信视频号、抖音号等营销手段，提高用户转化率。充分发挥社交媒体平台的威力，通过口碑传播和社交共享，快速扩大品牌知名度。

极简营销的优势就是可以帮助企业在不浪费过多资金和时间的前提下实现营销目标，节省资源、提高效率，适用于小型、初创企业或者预算较为有限的企业。

这一节，我们最后推出一个推动"极简"的工具，也就是AI。我们知道，现在已经进入AI时代了，人工智能技术的快速发展使得"1人+人工智能"的企业成为可能。这种企业模式基于人工智能技术的智能化和自动化能力，能够让一个人完成传统意义上需要大量人力和资源的工作。

比如，人工智能可以通过学习和模仿人类的智能行为和决策过程，从而实现一些需要高度智能化操作的任务。这使得人工智能可以通过算法和自动化的方式来代替人力工作，这些任务包括数据分析、语音识别、图像处理、自然语言处理、机器翻译等。

举个例子，安琪是一个自媒体作家，之前在完成一篇自媒体稿件的时候，可能需要浏览大量的资料，不管是网络资料还是图书资料，她需要请一个兼职助理帮助自己收集资料。但是，在AI时代，她可以直接用AI帮助自己收集资料，只需要提出问题，AI就会快速地给出答案。

所以，在AI时代，很多企业开始探索"1人+人工智能"的企业模式。这种模式下，一个人可以通过使用人工智能技术来完成大量的工作任务。这不仅能够大幅度减少企业的人力成本，还能够提高工作效率和准确度。

例如，不仅是自由职业者，包括企业的销售经理等职务。一个销售人员可以借助人工智能技术来自动化销售过程、分析市场数据、制定销售策略等。这样，他可以在更短的时间内完成更多的销售任务，并且更准确地预测和满足客户需求。

另外，人工智能还可以通过智能客服系统来提供企业的客户服务。这样，企业可以通过一个人和人工智能技术来同时处理大量的客户需求，提高客户满意度和忠诚度。

总的来说，在AI时代，"1人+人工智能"的企业模式成为可能，不仅能够降低企业的成本，提高工作效率，还能够实现更精确和智能化的决策和操作。然而，这也带来了一些需要注意的问题，如数据隐私和伦理道德等，需要企业和社会共同面对和解决。

部分实体数字化是一个趋势

我们已经进入数字时代，所以，部分实体数字化就是一个必然趋势。就好像，如果想开店，你可以拥有实体店，但必须拥有线上的网店。

先来了解一下实体数字化。实体数字化指将物体、物质或实体（如商品、工厂、城市、人体等）转化为数字形式的过程。通过使用数字技术（如传感器、大数据、云计算等），可以将实体的各种属性、特征、行为以及与其相关的数据进行数字化表示和记录。

实体数字化的过程包括数据采集、数据传输、数据存储和数据分析等环节。通过数字化，实体能够生成相关的数字化数据，这些数据可以被用于分析、模拟、优化和决策等方面。实体数字化可以提供更准确和实时的数据，帮助人们更好地理解和管理实体，并且可以为实体提供智能化、自动化、优化化的服务和功能。

实体数字化在诸多领域有广泛的应用，如制造业中的智能制造、物流中的智能物流、城市规划中的智能城市、医疗中的数字化医疗等。实体数字化能够改变人们的生产方式、生活方式和管理方式，提高生产效率、资源利用率和服务质量，促进社会进步和可持续发展。

从大方向去看实体数字化，就是在大型的制造业领域，或者是高科技、高技术领域。但对于大部分中小微企业来说，实体数字化是可以为企业提高效率、降低成本的。

我们说随着科技的不断进步和数字化工具的广泛应用，越来越多的实体开始转向数字化，将部分实体数字化已经成为一个不可逆转的趋势。这包括各种行业和领域，如电子商务、教育、医疗、金融等。

数字化可以提高效率、降低成本，并且为人们提供更多的便利和选择。

例如，电子商务使得人们能够在线购物和支付，不必亲自去实体店铺，节省了时间和精力。在线教育使得学习变得更加灵活和个性化。数字化医疗可以提供更精确和高效的诊断与治疗。

电子商务并不是我们每一个企业需要自己研发电子商务平台，而是说我们可以选择多个电子商务平台开店，甚至是可以利用微信、抖音等平台直接免费开店铺。当然，尽管数字化带来了很多好处，但也面临一些挑战，如网络安全、隐私保护等。因此，对于数字化的实体，我们需要加强技术和管理的能力，以确保其安全和可持续发展。

我们的目的是什么？是想通过数字化来降低成本和提高效率。因为实体数字化可以帮助企业实现流程自动化，减少人工干预和时间浪费，提高生产和服务效率。此外，数字化还可以通过数据分析和智能化决策，提供更准确的信息和洞察力，帮助企业优化运营和市场策略，从而进一步降低成本和提高经营效益。

所以，这就遵循了极简商业模式原则，要知道极简商业模式本身也是一种数字化降本增效的商业模式。极简商业模式强调简化和精简企业的运营流程，通过减少冗余环节和资源浪费，达到更高的效率和更低的成本。通过数字化技术的应用，极简商业模式可以更加高效地管理企业运营，减少人力和物力资源的浪费，从而降低成本。

所以，数字化是现代商业模式中不可或缺的一部分，通过数字化的应用，可以帮助企业降低成本、提高效益，并提供更好的市场竞争力。

小企业的 IP 生存

小企业的知识产权（IP）生存指小企业有效保护和管理其创新和创造的知识产权，确保其在竞争激烈的市场环境中生存和发展。我们看公益广告也能看到"保护知识产权"这样的宣传，对于小企业来说如何保护自己的

极简商业模式： 商业模式越简单越好

知识产权非常重要。

举个例子，我们去看一些 IP 衍生品，我们能够看到满大街都在卖大白鹅，甚至我们不知道大白鹅这款毛绒玩具的生产商，或者说设计商是谁，满大街什么材质的大白鹅都有。那有没有看到满大街卖玲娜贝儿的呢？没有，或者说很少。

以下是小企业在 IP 生存方面需要注意的几个方面：义乌小商品市场都不轻易生产玲娜贝儿的毛绒玩具。

但是，谁来维护大白鹅的版权？

所以，作为中小企业一定要保护自己的 IP，保护自己的知识产权。

1. 小企业需要了解和保护自己的知识产权：小企业在进行创新和创造时，应及时了解并保护自己的知识产权，如专利、商标、版权等。这可以通过进行专利申请、商标注册等方式实现。及时保护知识产权可以避免其他企业抄袭或侵权，提高自己的竞争优势。

2. 小企业需要建立知识产权保护策略：小企业需要制定相应的知识产权保护策略，明确知识产权的价值和保护措施。这包括规划和管理知识产权的流程、政策、程序等。同时，对于有限的资源，小企业还需要合理分配和利用，以最大限度地发挥知识产权的价值。

3. 小企业加强合同管理和保密措施：小企业需要加强对涉及知识产权的合同管理，确保与合作方签署涉及知识产权的保密协议，并采取相应的技术和操作措施保护知识产权的机密性。这可以防止知识产权泄露和侵权的风险。

另外，小企业也可以拓展 IP 价值。小企业可以通过授权、许可和合作等方式，将自己的知识产权转化为商业价值。例如，授权给其他企业使用自己的专利技术，通过收取专利授权费和使用费来获取收益。通过合作和许可，小企业还可以扩大自己的市场影响力和知名度。

当然，如果一个对自己知识产权具有高度认识和保护意识的小企业，还可以通过国际合作保护IP：对于有意拓展国际市场的小企业来说，需要注意国际知识产权保护的问题。这可以通过与国外企业进行合作、注册国际商标和专利等方式实现。此外，小企业还可以借助国际组织和相关政府部门的支持和帮助，加强自身的国际IP保护能力。

总之，小企业的IP生存需要小企业充分认识和重视知识产权的重要性，加强对知识产权的保护和管理，并适时拓展自己的IP价值，为自身的发展提供保障。

现在是一个"全民品牌"时代，只要有特色，你就可以打造自己的个人品牌。比如，一个做直播做得很好的直播主持人可以成为直播品牌；一个自媒体作者因为写的文章非常好，所以他也成为一个品牌。只要通过某一个特点被受众所认可、赞同、推崇等，就可以成为个人品牌。

我们说到"逻辑思维"想到的就是罗振宇，反过来，说到罗振宇就能想到"逻辑思维"；说到罗永浩，想到的是锤子手机，是"交个朋友"直播；说到华为，想到的是任正非；说到小米，想到的是雷军；说到格力，想到的是董明珠；说到刘永好，想到的是新希望集团；说到大北农，想到的是邵根伙；说到罗翔我们想到了什么？法外狂徒张三。所以，我们发现，个人品牌的影响力非常大。

来看一下概念，个人品牌指建立在个人特点、才能和经验基础上的独特形象和声誉。对于个人而言，建立个人品牌可以带来以下好处：个人品牌可以帮助区分自己和竞争对手，突出个人的独特价值和优势，吸引更多的目标受众；通过建立品牌形象和声誉，个人可以增加受众对自己的信任感，使其更愿意与自己进行业务合作和交流；建立个人品牌可以帮助个人成为自己所在领域的权威人士，提高自己的影响力，并吸引更多人关注自己的观点和建议；个人品牌可以帮助个人建立广泛的人脉网络，与更多业内人士、潜在客户和合作伙伴建立联系和合作关系；通过建立个人品牌，个人可以持续地进行个人品牌管理和发展，不仅可以提高自己的专业能力和知识水平，还可以提升自己的创造力和领导才能。

综上所述，个人品牌的建立可以通过个人形象塑造、专业能力展示、社交媒体推广、内容创作和参与行业活动等方式实现。对于小微企业主而言，个人品牌可以为其个人提供更多机会和资源，帮助企业取得更好的业务成果。

与此同时，你需要知道个人品牌是一种非常轻量级的商业模式，因为它主要依赖于个人的专业知识、技能和影响力来建立和推广自己的品牌。

相比传统的大型企业或实体店，个人品牌不需要大量的资金、设备或员工来运营。个人可以利用互联网和社交媒体等工具，低成本地建立自己的在线存在，并与目标受众建立联系。

个人品牌的经营也相对简单灵活，个人可以根据自己的兴趣、专业知识和技能来选择自己擅长的领域，并针对目标受众提供相关的产品或服务。对于个人品牌来说，主要的核心资源就是个人的能力和专业知识，不需要额外的物质资源。

此外，个人品牌的经营也能够更加自由地控制自己的时间和工作方式。个人可以选择自己喜欢的工作方式，自由安排时间和地点，更好地平衡生活和工作。

尽管个人品牌是一种较轻量级的商业模式，但成功经营个人品牌仍然需要个人具备一定的专业知识、技能和影响力。个人需要不断学习和提升自己的能力，保持与目标受众的紧密联系，以保持品牌的竞争力和持续发展。

学会面对用户分拆外包模式

开篇，我想先跟大家说一个身边的案例。

创业者王峰和林嘉都想要做一个采用分销模式的购物 App，大家都知道这需要程序员，一般来说，App 开发定制至少需要一个产品经理，一个 UI 设计师，一个 Android 和 ios 的前端开发人员，一个后端开发人员，一个测试人员。综合计算，开发 App 程序至少需要 6 个人。

王峰就选择招聘人才，组成了一个技术团队进行开发。但是，林嘉算了一笔账，据权威数据调查，中国大陆一线城市程序员的平均工资为 11770 元，按照不同学历分，大专、本科、硕士、博士的平均工资分别是 9788 元、14114 元、17882 元、26656 元。中位数分别是 9000、12500、17500、25000。

也就是说，刚毕业的都是 7500—15000 元，3 年的是 17000 元左右，5 年的都是上 20000 元的。

在人员的薪资方面就是一笔很大的开销。而这个开销还与时间有着密不可分的联系，软件开发过程中，可交付成果的产出主要依赖程序员，而程序员也是成本消耗最高的，程序员写代码的时间越长，成本就越高。

因此，软件成本常以"人天"为单位进行估算，即一人一天，例如，2 个人工作 3 天，则 2×3 人天。

什么意思呢？就是说每个项目的工作量都确定之后，就可以将工作量乘人天定价，得到的数字就是软件成本。

每个公司都有自己单独的定价，比如，王峰的公司一名员工一天是 1000 元，那么，6 名员工就相当于是 6 人／天，其成本 =1000×6=6000 元。

林嘉按照 6 名员工，如果真的是搞软件开发，6 名员工显然不够。再者，这 6000 元是一天的人员费用。一个月一共有 30 天，就按照这样计算，林嘉一个月光给员工发薪资就要 180000 元。

林嘉这么一算，不划算呀。于是，他选择了与王峰不一样的模式，项目外包。

话说到这里，就要说一下，软件开发项目外包的好处有哪些？

软件开发涉及需求、设计、研发、交付、维护等一系列，很多企业尤

极简商业模式：商业模式越简单越好

其是一些创业公司，一开始是没有软件开发的经验与能力，然而，有经验的外包公司可以弥补创业公司的这一短板。

1. 软件开发外包实际上是直接提高了企业的工作效率，是把专业的事情交给专业的人去做。

专业的软件开发包括后台开发、前端设计、实施以及后期推广等各个方面，对于专业的外包公司来说，比如，瞬赢科技，它有专业的团队，团队里包含着所需要的各种岗位人员，每一个都是各司其职，各尽其责。把企业软件开发的工作交给他们，自己不需要花费很多精力去管理，只需要按时沟通。

如此一来，公司就有空间和精力放在业务拓展方面，软件开发稳中求进，业务拓展同时进行，直接提高了企业工作效率。

2. 公司成本的节约。刚才我们算了一个员工一天需要的费用，但是，这只是薪资的费用。如果企业自己开发软件，需要的费用包括但不限于工资、福利、日常开销、管理费用等。

而且，最重要的是，很多软件开发公司都和老徐的公司一样，一年多的时间可能也开发不了几个应用。所以，一个公司的技术部所需要的成本是非常高的，但是，如果通过软件外包，至少能够为公司节约60%的软件开发方面的开支。

3. 专业的产品经理和专业的技术人员。外包公司有什么？有各种类的专业人员。我们知道"术业有专攻"，一两个技术人员是很难掌握全面的技术知识，而软件开发服务商拥有各层次的专业人才，可以随时根据企业的具体需要调动不同层面的专业人才解决与之相适应的具体问题。

所以，结局是王峰的公司成立一年半，App还没上线就没有了后续资金支持。但是，林嘉的公司，作为乙方很快就收到了甲方的App试用版，经过调试，按预计日期上线，而且花费在开发App上的费用比王峰少了近三分之一。

所以，有时候，该外包就外包，不过，面对用户分拆外包模式，首先需要明确具体的分拆外包需求和目标。

1. 选择合适的外包伙伴：根据分拆外包的具体需求，寻找具有相关经验和能力的外包伙伴，确保其能够胜任分拆项目的实施和管理。

2. 制定明确的合作协议：与外包伙伴共同制定详细的合作协议，明确双方的权责和目标，确保双方的利益能够得到充分保障。

3. 建立有效的沟通与协调机制：建立良好的沟通和协调机制，确保与外包伙伴的沟通畅通无阻，及时解决问题和调整项目进度。

4. 进行合理的项目管理：对分拆外包项目进行有效的管理和监控，确保项目按时、按质、按量完成，并控制项目成本。

5. 建立监督机制：建立一套科学合理的监督机制，确保外包伙伴按照协议要求履行责任，并及时发现和解决问题。

6. 关注知识转移和技术培训：在分拆外包过程中，关注知识转移和技术培训，确保内部员工能够适应外包模式的变化，并具备与外包伙伴进行有效合作的能力。

7. 定期评估和调整：定期对分拆外包模式进行评估和调整，根据实际情况进行相应的改进和优化，确保达到预期的效果和目标。

在这里，我们说一个比较不常见的"三叶草模式"。

三叶草模式指组织或者个人在处理问题或者决策时采用的一种方法。这种方法以三个主要要素或者视角为基础，类似三叶草的形状，包括事实、情感和逻辑。

事实，指收集和分析相关的数据、信息和证据，以便了解问题的具体情况和背景。

情感，指考虑问题时的个人或者集体情感、经验、价值观和利益等方面的因素，它们可以影响一个人或者团体对问题的态度和决策。

逻辑，指对问题进行逻辑分析和推理，以确定最佳的解决方案或者决策,并评估不同选择的优缺点和风险。

所以,三叶草模式强调综合考虑事实、情感和逻辑三个方面,以便做出更全面、准确和合理的决策。它可以帮助人们更好地理解问题,考虑各种因素,避免偏见和片面性,并最大限度地提高决策的质量。

目标精简不受诱惑很重要

我们发现很多企业的起点很好或者很高,但是,在企业发展过程中,一个急转弯,开始直线往下走。究其原因,很多时候是企业"忘了初心",说得简单点就是企业的目标改变了。

所以,确保目标的精简性是非常重要的,因为一个精简的目标更容易理解和实现。当目标精简时,团队成员更容易理解其意义和重要性,并能够专注于实现目标所需的步骤和行动计划。

受诱惑通常会分散注意力和资源,导致团队无法专注于目标的实现。为了避免受诱惑的干扰,可以采取以下五个步骤:

1. 明确目标:确保目标清晰具体,让团队成员都能理解和认同。

2. 与团队沟通:与团队成员共享目标和愿景,确保每个人都了解目标的重要性,并提供支持和资源。

3. 制订明确的行动计划:确定实现目标所需的具体步骤和时间表,并将其与团队共享。

4. 建立有效的监控和反馈机制:确保团队成员能够监控目标的实现进度,并及时进行修正和调整。

5. 加强自律能力:个人和团队成员需要具备自律能力,坚持不受诱惑的干扰,将精力和资源集中在实现目标上。

通过以上步骤,可以帮助团队保持对目标的专注性,确保目标的顺利实现。

除了要保持对目标的专注性，模式定位也很重要。模式定位指企业在商业模式的选择上确定一个具体的方向和策略，以便在市场上获得竞争优势并实现可持续发展。在选择和确定模式定位时，企业需要考虑市场需求、竞争环境、资源配置等因素。一旦确定了模式定位，企业就需要进行模式实施和运营，这个过程需要一定的时间来完善和调整，通常需要5—7年甚至更长的时间。

在这个过程中，企业需要从初期的摸索和试错中逐渐积累经验和知识，逐步完善和优化商业模式。这需要企业具备较强的执行力和耐心，同时也需要不断地进行市场反馈和调整，以保持与市场的匹配度和竞争力。

一旦商业模式定位成功，企业就可以获得模式利润和模式增长。模式利润指的是企业通过模式设计和运营所带来的收益和利润，它可以来源于产品销售、服务收费、平台交易等多个方面。模式增长则指企业通过模式定位和优化所实现的业务规模和市场份额的增长，其表现为企业的收入和市场地位的提升。

然而，中途的摇摆和频繁地改变模式定位可能会导致模式设计失败。因为频繁的改变会破坏企业的战略一致性和内部的稳定性，可能会使企业陷入混乱和困惑。所以，企业在模式定位之后，应该保持相对的稳定性和连贯性，同时在市场变化和需求变化时进行合理的调整和优化。

我们来举个例子，例如，某宝作为一个综合性电商平台，以C2C模式定位。它提供了一个开放的平台，允许个人卖家和买家进行交易。买家可以寻找到各种商品，无论是全新的还是二手的，从家居用品到服装饰品，几乎涵盖了所有商品种类。卖家可以通过某宝平台展示他们的产品，并进行交易。某宝通过提供安全的交易保障、物流配送等服务，让买家和卖家建立可靠的联系。这种模式定位使得某宝在中国电商市场占据了领先地位。

另外一个例子是某东，以B2C模式定位。某东的核心策略是承诺正品，提供高质量的商品。某东自营的模式使得它能够控制产品的质量和供应链，确保每个消费者都能购买到可靠的产品。某东也通过建立自己的物流系统，提供快速和可靠的配送服务，增加了消费者的购物体验。这种模式定位使得某东在中国 B2C 电商市场中具有竞争优势。

我们再举一个例子，粒子高科是一家专业从事畜禽预混料和动物保健品研发、定制、销售、服务的农牧科技企业，在设计商业模式的时候，创始人张广新一开始就确立了"成为中国养殖定制服务的引领者"的企业愿景，采用了"经销+直销+定制+合伙人"的业务模式，以定制模式进行突破，从而跳出了常规的经销、直销等营销模式。

总之，模式定位是企业在市场竞争中找到自己位置的重要手段。通过选择适合的模式，企业可以更好地满足用户需求，提供有竞争力的产品和服务，从而在市场中获得优势地位。

让别人实现极简需要重资产投入

看到标题是不是有那么一瞬间的不理解，"我"经营企业，为什么要让"别人"实现极简？

如果你的定位是为中小企业提供解决方案的公司？

如果你的定位是一家专门服务于中小企业的服务公司？

如果你就是以为中小企业打造极简商业模式而生的公司？

这个命题就一点都不奇怪。实际上，很多创业者对商业模式并不是非常深入的了解，作为一家咨询公司、服务公司，为其他企业提供解决方案的公司，你需要清楚，如何服务你的客户。

其实，要让别人实现极简，确实可能需要一些资产投入，但并不一定需要很大的投入。比如：

1. 提供必要的资源：为了实现极简，您可能需要为他人提供一些必要的资源，如工具、设备或软件。确保这些资源可以满足他们的需求，并提高他们的工作效率。

2. 提供培训和支持：如果对极简的实施方法和理念有特定的要求，那么为他人提供培训和支持是非常重要的，这个可以通过组织培训课程、提供指导手册或聘请专业顾问等方式来实现。

3. 提供经济支持：有时候，实施极简可能需要一些经济支持，如购买新的设备或支付咨询费用。如果您有条件，可以考虑为实施者提供经济支持，以便他们更好地实现极简。

4. 建立紧密的合作关系：与实施者建立紧密的合作关系，可以帮助他们更好地理解并实施极简。和他们保持沟通和反馈，确保他们得到必要的帮助和支持。

所以，资产投入可以帮助他人实现极简，但关键是确保这些投入是有针对性的，并能够满足他们的需求。

其实，大家也都清楚，中小企业在资源匹配方面确实面临着很大的成本压力。由于资源有限，它们可能无法承担起与大型企业相似的高成本投资。因此，中小企业可以选择更加谨慎地进入重资产模式，而是更多地做一些与重资产相关的增值活动。

作为衍生增值者，中小企业可以利用现有资源和能力，通过提供与重资产相关的产品或服务来满足市场需求。例如，可以提供设备租赁、维护和维修服务，向企业提供培训和技术支持，或提供与重资产相关的咨询服务。

通过这种方式，中小企业可以最大限度地发挥自身的优势，减少对重资产的直接投资需求，并在市场上找到自己的定位。此外，中小企业还可以与大型企业建立合作伙伴关系，在资源共享和协同发展方面实现双赢。

对于中小企业来说，谨慎进入重资产模式并更多地做重资产模式的衍

| 极简商业模式：商业模式越简单越好

生增值者是一种明智的选择。这样他们可以降低成本，减少风险，并提高竞争力。

很多中小企业希望能够在互联网领域分一杯羹，但是，很残酷的事实是，在互联网行业，重资产时代指的是企业需要大量投入资金和资源来建设和维护自己的基础设施和物理资产，如数据中心、服务器、网络设备等。这是因为随着用户规模的不断增长，企业需要扩大自己的基础设施来支持更多的用户和数据流量，以确保平台的稳定性和性能。

同时，随着互联网的发展，线下布局也变得越来越重要。许多互联网企业开始在实体世界中建立零售店面、仓库和物流中心，以扩大业务覆盖范围和提供更好的产品与服务。这需要大量的投资和资源来购买和租赁店面、仓库，建设物流网络等。

重资产时代的到来也意味着企业在运营过程中所面临的风险和压力增加。当企业投入大量资金购买和维护重要资产时，一旦市场发生变化或者经营不善，企业将面临巨大的损失和风险。

因此，在重资产时代，企业需要谨慎管理自己的资产，确保投资的合理性和回报的可持续性。同时，要不断创新和调整业务模式，以适应市场的变化和用户的需求。只有这样，企业才能在激烈的竞争中立于不败之地。

第五章　利益极致分配原则

利益极致分配原则指对于一个市场经济中的经营主体，在其获得利益的时候，要考虑到利益分配的公平性和效率性，同时也要让大股东之外的小股东和利益相关者获得最大的利益。

这个原则的基本思想是，企业经营中所有的利益都应该通过公开、透明、竞争和效率的方式来分配。这样，才能让企业在稳定发展的基础上获得最大的成长动力。

利益极致分配原则还要求，在企业利益的分配中，应该尽可能地最大限度地向作出贡献最大、创造利润最多的人员倾斜。因此，这个原则也被称为"大分享原则"和"利他原则"。

成为分享型企业

分享和利他确实可以被看作一种商业模式。在这种模式下，企业本着利他的原则，致力于帮助他人实现成功或幸福，并通过共享自己的平台、股权、模式、品牌、技术、产品等特有的资源，在帮助他人的成功中实现自己的成功。这里讲到的分享，包括个人分享和企业分享两个层面。

个人层面的分享指将自己的专业知识、经验或资源与他人共享，帮助他人获得成功。这可能包括通过写书、发表文章、举办培训或研讨会等方式分享知识。通过分享，个人可以建立行业品牌声誉，吸引更多的合作伙伴或客户，从而实现商业价值。

企业层面的分享指企业通过共享自己的平台、股权、模式、品牌、技术、产品等来快速进行市场整合，通过合伙人模式，让内部员工和外部客户成为公司股东，共同打造事业共同体，短时间内从"蚂蚁"变成"大象"，自利利他，抱团取暖，共创共享，联合共赢，从而实现利益共享，甚至共同进入资本市场。

利他指企业或个人以他人的利益为重，为他们提供有价值的产品或服务。通过满足他人的需求或解决他们的问题，企业或个人可以获得忠诚的客户群体，并实现商业成功。利他的商业模式通常注重客户体验、社会责任和可持续发展，以长期价值为导向。

一些成功的商业模式将分享和利他作为核心价值，如开源软件、共享经济和社会企业。开源软件通过免费共享源代码，鼓励全球合作开发，从而提高软件质量并降低成本。共享经济平台提供了一个分享资源的平台，使个人能够出租自己的资产（如房屋、车辆等），从而实现共享价值。社会企业致力于解决社会问题，通过商业模式来创造社会价值。

总而言之，分享和利他的商业模式不仅可以创造商业价值，还可以推动社会进步和可持续发展。通过共享自己的平台和股权、模式等，并以他人的利益为导向，企业可以实现商业成功，并为社会作出积极的贡献。

那么，要成为分享型企业，以下是一些关键步骤：

1.设计商业模式：分享型企业的商业模式要以平台共享为基础，和内部员工、外部客户共享企业的平台、股权、模式、品牌、技术、产品等，是一种利他、共赢的商业模式，这种商业模式大多数时候以事业合伙人模式的形式体现。

2.打造创业平台：基于新的商业模式，梳理组织架构，使用新技术和数字平台，建立并打造分享型的事业发展平台，促进资源和知识的共享，通过内外部协同创新和战略合作等方式来实现。

3. 定义核心价值观：分享型企业的核心是将利润最大化的目标转变为社会价值和共享经济的目标。要建立一种分享、合作和创新的企业文化，重新定义企业文化的要素，企业理念、企业使命、企业愿景、核心价值观等要和商业模式相匹配。

4. 建立利益分配机制：建立一种和商业模式、企业文化相匹配的利益分配机制、股权奖励办法。这可以通过设立事业部、分子公司、合伙企业等形式的内部分享平台，鼓励内部员工、外部战略合作伙伴成为公司的事业合伙人。

5. 建立与员工和客户的共创关系：通过事业合伙人模式，把符合条件的内部员工和外部客户升级成为公司的股东、战略合作伙伴，与员工和客户共同创造价值，鼓励事业合伙人参与企业决策和战略规划，并与客户合作创新解决方案。

6. 树立标杆：培养内部员工和外部战略合作伙伴的分享和协作技能，使他们成为标杆、榜样和分享文化的倡导者，再反过来影响和带动更多的优秀员工和客户成为公司的事业合伙人。领导者应该鼓励员工分享知识、资源和经验，以及支持他们合作解决问题。

7. 营销和传播：线上短视频，线下合伙人，利用社交媒体的力量，通过有效的营销和传播策略，将企业的产品、服务、模式、事业合伙人、品牌、价值观等传达给外界，共享企业的故事、成功案例和合作项目，吸引和带动更多的伙伴加入。

8. 践行社会责任：积极履行企业在社会、环境和可持续发展方面的责任，关注可持续发展和公共利益。这可以包括采用设立奖学金、回馈弱势群体、减少环境影响等。

最后，成为分享型企业需要长期的坚持和推动。通过以上方法，企业可以激发员工和客户的潜能，提高市场开发效率和效能，增加社会认可度，实现逆势增长。

| 极简商业模式：商业模式越简单越好

分享规模越大是不是实现的发展规模越大呢？

简单地说，是不是大规模分享可以带动企业大规模发展呢？

大规模的分享指的是将某种平台、模式、信息、技术、知识、资源等与更多的人分享，而不仅仅是局限在少数人之间。通过分享，可以将自己的知识、技能和资源传递给他人，从而促进他人的学习和成长。

当越多的人参与分享，共享资源和知识的规模会越大，这将导致社会的整体发展。大规模的分享可以促进人们的互相合作和学习，推动创新和进步。

在现代社会，互联网和社交媒体的普及使得大规模分享更加容易和便捷。人们可以通过各种渠道分享自己的观点、经验、技能和资源，从而与更多的人连接和交流。

因此，只有通过大规模的分享行为，个人、组织和社会才能实现大规模的发展。

我们举一个例子，"胖东来商贸集团公司"是一个优秀的分享型企业，总部位于河南省许昌市，在河南商界具有一定的知名度和美誉度，它的主要业务是商业零售，经营业态涉及百货、电器、超市。

胖东来的员工工资标准在当地很高，管理层甚至超过垄断行业的薪资水平。董事长于东来的指导思想强调的是社会责任和人性化运营、和谐的团队环境、优越的薪资待遇，所产生的结果是，制度雷厉风行、任务高效完成，执行力度强大。因为在胖东来，没有谁愿意因违反制度而失去良好的工作环境和丰厚的收入。

胖东来在员工工资保障的基础上每年至少拿出公司 50% 的净利润回馈给创造财富的员工和管理人员，按他们的付出合理分配，或发奖金或增加到每个月的工资上；另外的 50% 的净利润用来回馈股东。这样的利益分配机制，团队会更用心，更有凝聚力和执行力。因为大家都感受到了温暖、看到了希望，分享了幸福的收获成果，这样不但造福了更多的人，也为国家的发展和社会进步贡献了力量。

近年来，胖东来年度净利润分配给员工和管理人员的比例已经增加到了90%。胖东来从1999年开始按照这个理念发展分配企业的财富，20多年一直坚定着这种信念一路走来，所以才有今天的胖东来。

所以，胖东来作为一家优秀的分享型企业，通过向全体员工分享财富、分享利润，积极推动分享经济的发展，为共同富裕时代的到来进行了创新性的尝试。

把利益分配做到极致才能逆势增长、逆势崛起

什么叫作"把利益分配做到极致"？一般来说做到极致，就是做到一个很高的水平。基本上只要专注一件事做到极致，就不会有太差的结果。

利益分配做到极致指在一个团队或组织中，通过公平、合理和有效的方式分配利益，以激励团队成员的创造力和积极性，从而实现逆势增长和逆势崛起的目标。

那么，首先就要确保利益分配的公平性。公正的利益分配指根据每个人的贡献和付出来评估他们所得到的回报。这意味着要建立一个透明、公正的评价体系，考虑到每个人的工作成果、努力和贡献。只有这样，团队成员才会感到被公平对待，才能激发他们的积极性和工作动力。

其次，是需要确保利益分配的合理性。合理的利益分配指将利益分配与团队或组织的目标和利益相一致。这意味着要考虑到团队或组织的整体利益，而不是个人的利益。要根据团队成员的不同角色和职责，将利益分配在合理的范围内。同时，要确保利益分配不会对团队或组织的可持续发展造成负面影响。

最后，则是要确保利益分配的有效性。有效的利益分配指通过合适的

极简商业模式：商业模式越简单越好

激励机制和奖励制度，激发团队成员的工作动力和创造力，实现逆势增长和逆势崛起的目标。这意味着要根据团队成员的不同需求和动机，设计出适合他们的激励方案，如提供绩效奖金、晋升机会、培训发展、股权激励等。

所以，只有将利益分配做到极致，才能激发团队成员的积极性和工作动力，实现逆势增长和逆势崛起的目标。

另外，作为企业的经营者，一定不能太吝啬，将一部分的利润或好处分享给营销团队和战略合作伙伴，以建立一个共同分享利益和共同发展的关系。

1. 还是强调利益的分享。一家企业或组织在取得成功时，不仅应该将利润归于自己，还应该将一部分的利益分享给与其合作的营销团队和战略合作伙伴。这种分享利益的做法可以激励并激发他们更好地推动市场开发和业务增长。

2. 建议通过分享构建利益共同体和事业共同体。利益共同体指的是各方共同分享利益，相互合作，共同获益。通过将利润分享给营销团队和战略合作伙伴，可以使他们感受到与企业或组织的利益联系，并激发他们为其成功做出更大的努力。而事业共同体指的是建立一个共同的事业目标和使命，通过合作共赢实现长期的共同发展。

所以，在企业发展中利益的分享至关重要，通过与营销团队和战略合作伙伴建立利益共同体和事业共同体的关系，可以激发他们的积极性和自驱力、创造力，实现共同发展和成功。

我们举个例子来看一下：

桂林力源集团位于山水甲天下的广西桂林市，集团产业涵盖粮油食品、饲料加工、畜禽养殖、种禽育种、生物科技等领域，作为全国排在前列的大型农业集团之一，是中国制造业企业500强、中国民营企业500强，现有员工1.4万名，在全国拥有180多家分、子公司，2022年销售收入400

亿元，饲料在全国排第 5 名，黄羽肉鸡养殖在全行业排第 3 名，4000 万只种鸭，70000 头基础母猪，30000 吨米油，100 多家生鲜超市的生意也很红火。

比较罕见的是，力源集团是一家全员持股的大型民营企业，自 1953 年创建以来，始终秉承"合作、创造、共赢"的企业理念，致力于成为一家快乐的可持续生存和发展的企业，被称为农牧行业的华为。力源集团基层员工持股占到 55%，高管只占到 25%，其中创始人丁声源只占 0.75% 的股份。可以说，力源没有大股东，没有控股股东和严格意义上的实际控制人，力源已经实现了共同富裕。

除了全体员工持股分红之外，力源集团董事会的选举也是一股一票差额选举选出来的，集团章程也是所有股东投票投出来的，最绝的是，到现在为止，没有任何一位领导的子女在公司当领导，联合创始人的子女并没有加入力源。在这种氛围下，力源人的稳定性是很强的，离职率很低。

在力源集团，很多车间工人甚至保洁员都是公司的股东，是力源庞大的老板团队的其中一员，他们的收入除了工资、奖金之外，还有每年的利润分红，他们是企业的主人，他们是为自己在工作。在力源，全员持股，没有打工思维，人人都是老板思维。所以，力源的内耗是最少的，力源的沟通成本、管理成本是最低的。

力源"天字一号"的大领导办公室一共有四张桌子，10 平方米，坐着董事长、总裁和两位副总裁，平均每人 2.5 平方米。集团没有任何一个沙发，没有领导的大办公室，没有领导的秘书，什么都没有，"天字一号"办公室旁边就是其他工作岗位，大家都在这儿办公。

通过全员持股，力源集团把利益分配做到了极致，形成了利益共同体、事业共同体、命运共同体，自己也成了中国农牧食品行业的标杆企业。

极简商业模式：商业模式越简单越好

平台、股权、文化、模式、产品、品牌都可以分享

　　进入第三节，我们发现标题是一串的名词，每一个名词都好像很熟。里面平台、文化、模式、产品可以分享是比较理解，但是股权、品牌如何分享？

　　我们带着这个疑问，先来看一下每个名词的概念：

　　1. 平台：指的是一种利益相关者共同组成的经营型组织，如公司或联盟，平台也是一种连接供应方和需求方的在线服务系统，如电商平台、社交媒体平台等。平台提供了一个方便的经营和交易的物理空间，促进了供求双方的互动。

　　2. 股权：指的是一个公司由资产份额组成的所有权益，持有公司股份的股东拥有公司的所有权，并享有对公司决策和利润的权益。

　　3. 文化：是一个组织或社会的价值观、信仰、行为方式和传统习俗的总称。文化对于一个企业的发展非常重要，它可以影响员工的行为和思维方式，定义组织的价值观，以及塑造公司的品牌形象和声誉。

　　4. 模式：指的是一种经营或运营的方式或方法。在商业领域，模式通常指的是一种商业模式，即创造和提供产品或服务的方式，商业模式可以包括公司的经营目标、市场定位、盈利模式、营销模式、市场策略等。

　　5. 产品：指一种能够满足人们需求和带来价值的物品或服务。产品可以是实物，如食品、化妆品、服装、电子产品等，也可以是服务，如咨询、保险、设计、中介等。产品的成功往往取决于其质量、功能、价格等因素。

　　6. 品牌：指一个企业、产品或服务的标志、名称、符号、设计等，以及与之相关的声誉和形象。品牌可以帮助企业树立独特的形象，提升市场

竞争力，并与消费者建立情感连接。

接下来，我们来看一下，为什么现在的共享可以是任何"事物"的共享。首先要打破自己的固有观念，共享不仅仅是共享单车、共享充电宝这样的摸得到看得见的实物。还有共享平台、共享文化这种摸不到的抽象概念。

从产品共享到平台共享指将原先以产品为主体的共享经济模式，转变为以平台为主体的共享经济模式。

在过去，共享经济主要指将闲置的产品或服务通过共享平台出租或售卖，实现资源的最大利用和社会资源的共享。比如，共享单车、共享汽车、共享充电宝、共享按摩椅、共享办公等。这种模式下，企业方主要是通过共享产品来实现价值变现。

而现在，随着互联网技术的发展和社交媒体的普及，共享经济正逐渐从产品共享向平台共享转变。平台共享指以共享平台为核心，将用户和资源进行匹配和组织的经济活动。这种模式下，平台不仅提供产品的共享，更重要的是提供用户和供应商之间的连接，以及各种增值服务，包括支付、评价、投诉等。比如，共享经济的平台化表现在共享住宿平台、共享出行平台等。这种模式下，用户不仅可以通过共享产品获取好处，还可以通过平台获得更多的交流、联系和社交机会。

从产品共享到平台共享的转变，不仅是共享经济发展的趋势，也是共享经济逐渐向更加复杂和高效的形式转变的体现。通过平台共享，可以更好地满足用户的需求，提高资源的利用率，实现经济效益和社会效益的双赢。同时，平台共享也为用户和供应商提供了更多的机会和选择，促进了创新和创造力的释放。

比如，物品类共享，就有共享单车、共享汽车、共享充电宝、共享按摩椅；空间共享也很多，共享办公空间，虽然最大的共享办公空间WeWork目前陷入财务危机，但是不得不说，这个模式还是很受中小企业青睐。

> 极简商业模式：商业模式越简单越好

又如，共享文化的案例也有，Wikipedia 是一种维基百科，它允许任何人匿名编辑和更正其内容。这个开放的共享文化项目是由志愿者们创建和维护的，旨在为世界带来一个可靠、免费的在线百科全书。这个项目的创始人吉米·韦尔斯已经把 Wikipedia 定义为"一个共享知识、开放思想、共同构建的人类共同财产"。

大家都比较好奇共享股权，其实共享股权基本上是初创公司大都会走的流程。比如，一个初创公司正在开发一种新的智能手表，以满足消费者日益增长的健康和健身需求。该公司的两位创始人一开始拥有 100% 的股权，他们决定将公司的 10% 股权分配给全职员工。看到案例是不是一下子恍然大悟，原来从公司里得到原始股份就是股权共享的表现。

品牌共享的案例，肯德基、必胜客都是全球最大的连锁餐厅，提供各种快餐和其他餐点。其中，许多分店都是加盟经营，使得创业者可以开设自己的独立餐厅并成为品牌的一部分。品牌共享实际上就是我们所说的加盟连锁，加盟连锁店运用的理论就是品牌共享。

以上是一些概念共享的具体案例，通过利用闲置资源和分享的理念，企业帮助用户节省成本，提高资源利用率，实现资源共享和环境可持续发展。

让员工、客户成为企业的合伙人

不知道你有没有求职的经历，不知道你有没有发现一些招聘软件上，招聘企业在私信一个他们看来比较合适的求职人员时，会用"我们正在寻找志同道合的合伙人，期待你的加入"。这个时候，我们就在想什么是合伙人？

合伙人指的是在一起共同经营某种业务或项目的一组人，共同分享收益和损失，承担企业经营风险，共同负责经营管理，并通过签订合伙协议来对合伙关系进行约定和规范。合伙人可以是自然人或法人，也可以是个人或企业。通常，合伙人的权益和责任会根据其所投资的资金比例而分配。

要想让员工、客户成为企业的合伙人，给你一些建议：

1. 股权激励计划：建立股权激励计划，让员工和客户有机会购买或获得公司股份。这可以通过股权认购、股权奖励或股权转让等方式实现。

2. 利润分享：设立利润分享制度，将公司年度利润中的一部分利润分配给员工和客户。这可以通过提供年终奖金、绩效奖励或股息、分红等方式实现。

3. 内部合伙人项目：为员工设立内部合伙人项目，让为公司发展做出重要贡献的员工有机会成为公司的合伙人、股东。这样可以提升员工的决策权和参与度，激励他们更加积极地为公司发展作出贡献。

4. 外部合伙人项目：某些企业可以考虑将公司的部分所有权有条件转让给客户、战略合作伙伴，使其成为企业的共同所有者。这可以通过股权转让或特定客户购买股份等方式实现。

5. 透明沟通：建立透明的沟通渠道，向员工和客户分享企业的战略和业务决策。通过定期举办会议、提供详细的业绩报告和展示公司的目标和愿景，可以增加员工和客户的参与感和忠诚度。

6. 提供培训和发展机会：为员工和客户提供培训和发展机会，进一步提高他们的业务技能。这样可以增加他们与公司的连接，激励他们为公司的成功做出更多的贡献。

7. 建立归属感：创建一个具有参与感和归属感的企业文化，让员工和客户感到他们是企业的一部分。这可以通过组织团队建设活动、庆祝公司里程碑和成功等方式实现。

通过以上措施，可以将员工和客户融入企业，使其成为企业的合伙人，从而激励他们更加努力地为企业发展贡献力量。

一般在描述互为臂膀和互相成就的时候，指的往往不是单个的人，而是两个或多个个体、组织或团体之间共同努力、合作和支持的关系。在这种关系中，彼此之间相互依赖、相互支持，共同为实现共同的目标而努力。

打造利益共同体指双方或多方在合作中共享资源、共同分享利益，实现互利共赢。通过共同的合作，彼此能够获得更大的收益，相互间的合作也变得更加稳固和长久。

打造事业共同体指在合作中，双方或多方共同致力于共同事业的发展和壮大。彼此之间的合作不仅仅是为了当前的利益，不仅仅是为了赚钱，更是为了共同的长远发展。在事业共同体中，每一方都能发挥自己的优势，相互之间形成协同效应，共同推动事业进步。

通过互为臂膀、互相成就，打造利益共同体和事业共同体，双方或多方能够有效合作，达到优势互补、资源共享、协同创新的目标，共同实现更大的成功和发展。

实现营销团队的自我驱动是分享的最高境界

"自我驱动"在前面的章节中提过，是自我管理，是"每一个人都是CEO"的阐述。但是在这一节中，我们强调的是"实现营销团队"的自我驱动是分享的最高境界。所以，重点在"分享"。

当然，在聊分享的最高境界之前，我们还是要先理解一下实现营销团队的自我驱动这个概念。实现营销团队的自我驱动是一个极具挑战性但非常重要的目标。

为什么说这个概念可以帮助实现这个目标，并将团队带入分享的最高境界？应该从以下六个方面来看。

1. 建立共同的愿景和目标。团队成员需要明确理解和认同团队的愿景和目标。这将激发团队成员的自我激励，使他们努力工作以实现共同的目标。

2. 激励和奖励机制。建立有效的激励和奖励机制，可以激发团队成员的自我驱动。这可以包括奖金、晋升、表彰或其他形式的奖励，以表彰团队成员的出色表现。

3. 培养自主性和创新能力。鼓励团队成员发展自主性和创新能力。给予团队成员足够的自由度和责任，让他们有机会提出新的想法和解决方案。这将激发他们的自我驱动，并促使他们参与到分享和创造中。

4. 提供支持和资源。确保团队成员获得他们所需要的支持和资源。这包括培训、培养、工具和技术等方面。通过提供所需的支持和资源，团队成员将能够更好地完成任务，从而激发他们的自我驱动。

5. 建立开放和透明的沟通渠道。建立开放和透明的沟通渠道，使团队成员有机会分享他们的想法和建议。这将促使团队成员更积极地参与，并感到他们的贡献是有价值的。

6. 培养团队文化。创建一种积极、合作、创新和协同的团队文化。这将帮助团队成员感到归属和认同，并激发他们的自我驱动。

所以，实现营销团队的自我驱动需要建立共同的愿景和目标，提供适当的激励和奖励机制，培养自主性和创新能力，并提供支持和资源。同时，建立开放和透明的沟通渠道，并营造一种积极的团队文化。通过这些方法，团队将能够实现自我驱动，进入分享的最高境界。

另外，需要清楚的是分享型企业也是一种自驱型企业。自驱型企业指企业内部员工具有自我激励、自我管理和自我发展的能力，能够主动推动企业的发展和创新。而分享型企业则指企业内部员工之间积极分享知识、经验和资源，促进互相学习和成长的企业文化。在分享型企业中，员工不仅具备自我驱动的能力，还积极参与分享和合作，通过分享知识和经验来提高整个企业的绩效和竞争力。因此，分享型企业在促进员工自驱和企业

极简商业模式：商业模式越简单越好

自驱的过程中相辅相成，共同推动企业的持续发展。

自驱者赢，自度者王。企业在选择事业合伙人的时候，不管是内部员工，还是外部客户，自我驱动能力都是第一位的，自驱力强的合伙人，在遇到困难的时候能够自我奖励、点燃自己，能够在不借助外力的前提下度过市场开发或创业初期的婴儿期、黑暗期，从而迎来胜利的曙光。而自驱力弱的合伙人，通过平台驱动才能产生动力的合伙人，在遇到问题和困难的时候，很容易把问题推到平台身上，很容易知难而退。解决了为谁而战的问题，业务本身的问题就容易解决。

举个例子，美国电动汽车制造商特斯拉公司成立于2003年，是一家专注于电动汽车和可再生能源解决方案的创新型公司。特斯拉的愿景是通过推动电动汽车的普及来实现可持续交通和清洁能源革命。

特斯拉通过不断创新和突破传统汽车制造业的边界，成功地将电动汽车从一种非主流产品转变为一种受欢迎且可行的交通选择。特斯拉的顶级产品是其各种型号的电动汽车，包括Model S、Model 3、Model X 和 Model Y。这些车型具有出色的续航里程、卓越的性能和独特的设计，取得了广泛的市场认可和销售成功。

除了电动汽车，特斯拉还致力于发展可再生能源解决方案。公司推出了家用和商用太阳能屋顶瓦片，以优化太阳能的利用效率，并生产家用和商用储能系统，以实现可再生能源的储存和利用。

特斯拉在企业文化方面也有其独特之处。公司鼓励员工对创新和突破传统进行积极探索，为员工提供广阔的发展空间和自由的工作环境。特斯拉还提倡可持续发展和环保倡议，致力于减少碳排放和降低对环境的影响。

特斯拉的成功不仅体现在其出色的产品和技术创新上，还体现在其市值和全球影响力的增长上。作为一家创新型企业，特斯拉不仅改变了传统汽车行业的规则，还为可持续交通和清洁能源的发展做出了重大贡献。

第二部分
极简商业模式方案的设计

第六章　绝活中小企业的极简方案

对于中小企业而言，极简方案可以帮助企业更高效地运营，并减少浪费。作为中小企业，可以从企业内部管理上极简，比如，简化审批流程、简化冗余步骤，在保证仔细审查各项工作的前提下，减少不必要的步骤，不要一个文件五方签字，而是一个文件控制在两个到三个领导人签字就足够了。

另外，中小企业往往只具备有限的资源和能力，因此专注于少数核心产品或服务，可以降低生产和运营成本，并提高产品质量和客户满意度。并且，中小企业比较适合利用自动化和数字化，例如，使用在线财务软件来处理账务，使用电子签名工具来简化合同签署过程等。

对于中小企业外包和合作伙伴关系，能够降低成本，提高效率。利用外部专业服务提供商或合作伙伴的能力，将一些非核心业务外包出去，可以节省时间和资源，并专注于企业的核心竞争力。

不过，企业的极简方案应根据企业的实际情况和需求进行定制和实施。最重要的是要根据企业的资源和目标，确定最适合的极简方案，并不断进行评估和改进。

面向用户的异类总是活得很好

异类就是和常规不同的一个类型，在市场中，小异类指市场上的一部分产品或服务与主流产品或服务相比，具有较小的市场份额和较低的知名度，但在某些特定领域或细分市场有一定的竞争优势和发展空间。小异类通常具有较高的专业化和差异化特点，目标客户群体相对较小但具备一定购买能力和高度认同度。

而大市场则指具有广泛消费需求和较高市场份额的产品或服务市场，通常是主流产品或服务所在的领域。大市场通常具有较高的竞争度和市场饱和度，产品或服务的同质性较高，消费者选择较多，市场规模庞大。

小异类在大市场中的发展可能相对较为困难，因为它们需要面对更激烈的竞争和更高的市场门槛。然而，在一些特定领域或细分市场，小异类可以通过不同的定位、差异化的产品特点和专业化的服务来满足消费者的特殊需求，并取得一定的市场份额和发展机会。随着市场细分的不断深入和消费者需求的多样化，小异类逐渐发展壮大，并有可能逐步进入大市场。

异类相对来说是面对特定群体的企业，或者是不同于常规同类企业的小企业，也就是在市场竞争中剑走偏锋的企业。

举五个大中型企业的例子，大家看一下：

1. Theranos（血液检测公司，无中文名）。Theranos是一家生物医学公司，它推出了一种小型化的血液测试设备，可以通过一个指尖的血样来进行全面的血液分析。这种设备的创新设计使得血液测试更加便捷和经济，为用户提供了更快速和个性化的医疗诊断服务。

2. SpaceX（太空探索技术公司）。SpaceX是一家私人航天公司，致力于开发可重复使用的火箭技术，以降低太空探索和卫星发射的成本。通过自主研发的火箭和太空飞船，SpaceX为个人和企业提供了更便宜和可靠的太空运输解决方案，开启了私人太空探索的新纪元。

3. Uber（优步）。Uber是一家运输网络公司，通过其应用软件连接用户和私人司机，为用户提供便捷和个性化的出行服务。传统的出租车行业受到了Uber的颠覆，用户可以通过手机随时叫车并选择司机，同时Uber的定价策略和用户评价系统也增强了服务的可信度。

4. Airbnb（爱比邻）。Airbnb 是一家分享经济平台，让人们可以将自己的房屋、公寓或房间进行短期出租。用户可以通过 Airbnb 预订独特的住宿体验，比如，在城市中心的私人公寓或农村庄园度假，以更便宜和个性化的方式享受旅行。

5. Tesla（特斯拉）。Tesla 是一家电动汽车制造商，致力于推动可持续能源和零排放交通的发展。通过创新的电池技术和高性能设计，特斯拉为用户提供了富有智能和环保意识的高端汽车选择，改变了人们对传统燃油车的认知。

这些企业在各自行业中以其独特的商业模式、技术创新和用户体验，打破了传统的商业思维和行业格局，并且成功地满足了用户的需求，赢得了市场份额和用户口碑。

极致单品模式

见没见过只生产一种产品的企业？在我们生活中有很多只生产一种产品的公司，但是什么叫作极致单品呢？如果一个售卖水杯的企业，卖保温杯、茶杯、玻璃杯、塑料杯、一次性纸杯，我们只能说他是一家只生产"杯子"的企业；如果一家只生产杯子的企业，只卖保温杯，并且只卖儿童保温杯，这就是一家极致单品企业。

极致单品模式指公司或品牌仅专注于打造一款产品，将其做到极致的模式。在这种模式下，企业将所有资源都集中在一款产品的研发、生产、销售和市场推广上，力求做到产品的最高水准，以满足消费者对该产品的极致需求。

极致单品模式的特点是专注和专一性。企业将资源集中在一款产品上，不再考虑开发其他产品或拓展其他业务领域，从而能够更好地研发和改进这款产品，提高产品的品质和性能。这种模式在市场上通常能够形成强烈的产品差异化优势，吸引目标消费者的关注和选择。

极致单品模式的核心是提供超出市场平均水平的产品体验。企业通过持续创新和技术突破，不断提高产品的品质、功能和性能，以满足消费者对于极致体验的需求。这种模式下的产品往往在市场上具有较高的竞争力和溢价能力，能够获得更高的市场份额和利润。

极致单品模式的挑战在于风险集中。由于企业的全部资源都投入一款产品上，一旦产品出现问题或市场需求发生变化，企业可能面临较大的风险和挑战。因此，企业在选择极致单品模式时需要进行充分的市场研究和风险评估，以确保产品在市场上有长期竞争和盈利的能力。

总而言之，极致单品模式是一种企业专注于打造一款产品，将其做到极致的经营模式。通过提供超出市场平均水平的产品体验，企业能够形成差异化竞争能力，获得更高的市场份额和利润。然而，这种模式也需要企业进行风险评估和管控，以确保产品在市场上有长期竞争和盈利的能力。

因为产品非常单一，所以，打造极致单品的企业运用了极致单品模式的同时，一定要具有企业不同于行业中其他竞争对手的核心资源、关键业务。

核心资源，指组织或企业拥有的具有竞争力和核心优势的资源，它们对于企业的长期发展和竞争力至关重要。这家企业拥有能够为幼儿园小朋友提供园内统一使用水杯的资源，每到新生入园，保温杯和被褥都被列为统一购买清单，家长在入园时缴纳的一次性生活用品费中，就包含着保温杯的费用。这种核心资源，是具有优势且独特的资源。

关键业务，指组织或企业在市场上提供的最重要、最核心的产品或服务，它们是企业能够实现竞争优势和商业成功的关键因素。和上面的一样，关键业务就是营销中可以有很多方式方法和种类，但是作为一家企业，总有自己的关键业务。比如，和幼儿园建立良好的关系，又如，和某幼儿机

极简商业模式：商业模式越简单越好

构建立良好的关系，让保温杯成为该机构发放的礼品。

除此之外，也要重视"一招鲜"。有句话说得好"一招鲜吃遍天"，"一招鲜"指在竞争激烈的市场中，通过一次新的创新或独特的行动来获得竞争优势，从而吸引更多的消费者或客户，并提高业绩。

在实践中，企业可以通过发展和整合核心资源，强化关键业务，以及运用"一招鲜"的方法，来增强竞争力，实现可持续发展。这三者相互关联、相互支持，是企业获得成功的重要因素。

我们之前说个人品牌，现在遥相呼应的是一个人的企业。创业的小微企业大都是几个人，甚至一个人，如果你拥有业务能力你就可以自己成立一个公司。

而且，一个人的企业也可以采用极致单品模式。极致单品模式指企业专注于打造一款独特、优质的产品，并将所有的资源和精力投入这款产品的研发、生产和销售上。通过提供卓越的产品质量和用户体验，企业可以在市场上获得差异化竞争优势。

一个人的企业最适合选择极致单品模式，为什么？

1. 专注度高：一个人的企业可以将所有的资源和时间都投入这款产品上，不会分散精力在多个产品上，从而更加专注地打磨和改善产品的各个方面。

2. 研发成本低：相比于多款产品的企业，一个人的企业只需要集中研发和改进一款产品，可以有效减少研发和设计的成本。

3. 生产效率高：一个人的企业可以专注于一项产品的生产和制造，可以通过优化生产流程和提高生产效率来降低成本并提高产能。

4. 品牌塑造更容易：通过专注于一款独特的产品，一个人的企业可以构建更有特色和独特性的品牌形象，提高消费者对产品的认知度和忠诚度。

5. 市场反应更敏捷：由于专注于一款产品，一个人的企业可以更快地响应市场需求和变化，及时调整产品和营销策略，提高市场竞争力。

然而，一个人的企业选择极致单品模式也存在一些挑战。例如，缺少多样化产品的支撑，可能会导致企业在市场上的过度依赖，一旦产品遇到问题或者市场需求发生变化，企业的生存和发展可能面临风险。因此，在选择极致单品模式的同时，企业也应该关注市场趋势和竞争环境，及时调整和优化自己的产品和运营策略。

数字化时代，小企业不再畏惧冷门生意

互联网时代之前做生意有一句话"酒香也怕巷子深"，或许90后的年轻人不太知道在没有互联网之前的商业格局。但是，90后之前出生的人经历过只有线下传统店的商业模式，那时候大家买东西，高端品牌去商场，低端就去批发市场，离家近的就是街边小店，精品一般也开在商业街。

在只有线下商业模式时期，你的家住在北京市昌平区天通苑，在大兴区天健广场刚开了一家非常美味的面包店，你会知道吗？

我们不会知道，能够让我们知道的，或许是在大兴开了有几年、十几年甚至几十年的老店。

但是现在呢？天健广场门口开了家奶茶店，在天通苑居住的你也会第一时间知道，虽然我们不去，但是我们知道哪里开了新店。

进入数字时代，对于小企业来说不必再担心自己的实体店位置，更不用害怕自己经营的是冷门生意。举个例子，曾见过一个90后的姑娘从门头沟的学校跑去通州，只因为通州有一家金银饰品小店还在使用花丝镶嵌的制作手法制作金银簪子。

这说明再冷门的产品也会有人追求，以前年纪小，逛街的时候看到一些奇怪的衣服就会问：

我：这些衣服这么丑，谁会买啊！

极简商业模式：商业模式越简单越好

家长：你觉得丑，别人觉得好看呀。只要有卖的，就有买的。

在数字化时代，小企业不再害怕冷门生意，除了"只要有卖的，就有买的"的原因，还有以下五点。

（1）网络平台的兴起：随着互联网的普及，小企业可以通过各种网络平台来宣传和推广自己的产品和服务。这样，即使是冷门生意，也可以找到感兴趣的群体，并且在全球范围内扩大自己的市场。

（2）更方便的市场调研：数字化时代的市场调研工具更加先进和便捷，小企业可以更容易地了解市场需求和竞争情况。通过了解市场的诉求和趋势，小企业可以更好地制定冷门生意的商业模式和运营策略。

（3）个性化定制的需求增加：随着社会的进步，人们对于个性化定制的需求越来越高。冷门生意往往是满足特定需求的生意，而小企业可以通过提供个性化的产品和服务来满足这些需求，从而获得竞争优势。

（4）成本和风险控制：冷门生意通常有较少的竞争对手，因此进入门槛相对较低。小企业可以通过控制成本和风险，降低进入门槛，更容易进入并发展这些冷门生意。

（5）创新和创业精神的崛起：数字化时代倡导创新和创业精神，小企业可以更积极地尝试冷门生意，并通过创新的方式打造独特的产品和服务，提高市场竞争力。

所以，在数字化时代，小企业面临的机遇和挑战都与过去不同。通过利用网络平台进行市场调研、满足个性化需求、控制成本和风险以及发挥创新精神，小企业可以积极拓展冷门生意，实现可持续的发展。

经过上面浅显的阐述，能否让你了解在数字化时代冷门不再是个问题，因为只要你能将内容传播足够广，就有机会被更多人看到和接受。

数字化时代具有极高的信息传播速度和广度。通过互联网和社交媒体平台，你可以轻松地将自己的内容传播给全球范围内的大量人群。不论是一篇文章、一段音乐、一幅画作，只要你能在适当的平台上宣传并引起关注,就有机会被更多人发现。

数字化时代允许个人和小团体通过精准定位和定制服务来满足特定的需求。虽然某些内容可能只会吸引较少的受众,但你可以选择将自己的创作面向特定的群体。通过精细的营销策略和目标用户的定位,可以找到那些对你的作品感兴趣的人群,进而建立起一个忠实的粉丝群体。

数字化时代为个人提供了更多自我表达和展示的机会。无论你是一位独立的音乐人、一位自由撰稿人,还是一位艺术家,你都可以利用互联网的便利性来展示和分享自己的作品。通过创建个人网站、发布视频、参与线上社区等方式,你可以直接与潜在受众互动,并得到他们的反馈和支持。

在数字化时代,冷门并不是个问题,只要你能够善于利用数字化工具,传播自己的内容足够广,就能够打破传统的限制,吸引更多关注和支持。不要害怕冷门,勇敢尝试并积极探索,你可能会发现意想不到的机会和成功。

实际上,冷门生意也是一种商业模式。我们说过再小的公司也有商业模式,然而,商业模式的成功与否,不仅取决于产品或服务的稀缺性,还取决于市场需求、竞争环境、市场定位和营销策略等多种因素。

尽管稀缺性可以为商业模式带来一定的竞争优势,但仅仅依靠稀缺性并不能保证商业模式的最佳性。如果产品或服务的稀缺性无法满足市场需求,或者竞争环境中存在更具吸引力的替代品,商业模式可能并不会取得成功。

在商业模式设计中,除了考虑稀缺性,还需要考虑市场规模和潜在增长、竞争分析、成本控制、创新能力、价值主张等因素。这些因素的综合影响才能构建出一个有效的商业模式。

此外,在商业模式的运营过程中,灵活性和适应性也是非常重要的。市场环境和竞争态势经常会发生变化,企业需要及时调整商业模式,以适应新的业务机会和挑战。

因此，商业模式的成功不仅依赖稀缺性，还需要综合考虑多个因素，并保持灵活性和适应性，以适应不断变化的市场环境。

技能型小企业活得更滋润

技能型小企业指依靠技术创新和专业技能所定位的企业，通常属于高端、高附加值的行业，如软件开发、设计、管理咨询、工程咨询等。这类企业往往注重员工的技能和专业知识水平，为员工提供培训和发展机会，以此促进企业的技术创新和发展。技能型小企业通常具有灵活性和快速反应能力，在市场变化和技术升级的环境下更具有竞争力。

技能型小企业活得更滋润的原因可能有以下五点。

1. 技能优势：技能型小企业通常拥有专业的技能和知识，能够提供高质量的产品或服务。这使得他们在市场竞争中具有竞争优势，并能够吸引更多的客户。

2. 高附加值：技能型小企业通常提供的是高附加值的产品或服务，这意味着他们可以以更高的价格销售，并获得更高的利润。同时，客户对高附加值的产品或服务也更愿意支付更高的价格，从而增加小企业的收入。

3. 市场需求：技能型小企业通常专注于特定领域或市场细分，这使得他们能够更好地满足市场需求。客户在选择产品或服务时更愿意选择那些专业的供应商，因为他们相信他们能够提供更好的解决方案。

4. 客户忠诚度：由于技能型小企业通常提供专业的产品或服务，客户对他们的忠诚度更高。客户经过一次满意的购买经验后，往往会选择再次购买，并向其他人推荐该企业。这增加了小企业的业务量，并降低了市场营销成本。

5. 灵活性：技能型小企业通常规模较小，决策过程灵活，能够更快地做出调整和应对市场变化。他们可以根据市场需求迅速调整产品或服务，提供更好的解决方案，从而增强竞争力。

总之，技能型小企业由于其专业性、高附加值、市场需求、客户忠诚度和灵活性等特点，使得他们能够在市场中生存和发展，并取得更好的业绩。这些因素共同促使技能型小企业活得更加滋润。

能和技能型小企业一样将小而美"发扬光大"的还有兴趣电商，就比如上一节所说一个90后的女孩为了做一款花丝镶嵌工艺的金银簪子，特意从门头沟跑到通州。其实无非就是"好这口"。

兴趣电商指基于用户个人兴趣进行推荐和销售的电子商务模式。它通过分析用户的兴趣和购买行为，提供个性化推荐和定制化产品，从而实现精准营销和增加用户满意度。相比传统的广告推广和大规模销售模式，兴趣电商更加注重用户个性化需求，并能够更好地满足用户的购物需求。

兴趣电商的商业模式有以下四个优势。

1.更高的转化率：通过个性化推荐和定制化产品，兴趣电商能够更好地满足用户的需求，提高用户的购买决策，从而提高转化率。

2.更高的用户忠诚度：兴趣电商在推荐和销售过程中，更加关注用户的个人需求和偏好，使用户感受到更贴心的服务，提高用户的忠诚度。

3.更低的营销成本：兴趣电商通过个性化推荐和精准营销，能够更好地锁定目标用户，减少广告浪费，从而降低营销成本。

4.更好的用户体验：兴趣电商通过分析用户的兴趣和购买行为，为用户提供个性化的产品和服务，使用户感受到更好的购物体验。

然而，兴趣电商在目前的电商市场中还相对被低估，可能是因为以下三个原因。

1.技术难度较高：兴趣电商需要对用户的兴趣和行为进行大规模的数据分析和挖掘，需要较强的技术能力和数据处理能力。

2.数据收集和隐私问题：为了实现个性化推荐，兴趣电商需要收集和分析大量用户信息，可能涉及隐私问题，需要合规引导和保护用户隐私。

3. 资金和资源需求较高：兴趣电商需要投入大量的资金和资源进行技术研发、数据分析和推荐系统建设，对于一些中小企业而言，可能难以承担这样的成本。

尽管如此，随着大数据和人工智能技术的发展，兴趣电商的商业模式将会受到更多的重视和应用。未来，兴趣电商有望成为电商行业的主流模式，为用户提供更个性化、满足需求的购物体验。

我们通过具体的兴趣电商来了解一下：

1. Wish（许愿）：是一家总部位于美国的电商平台，通过使用者的兴趣数据和算法来为用户推荐个性化的商品。用户可以根据自己的兴趣和搜索历史，获得符合自己喜好的商品推荐。

2. Etsy（易趣）：是一家总部位于美国的电商平台，以手工艺品和独立设计的商品为主。用户可以根据自己的兴趣，浏览和购买来自全球各地的独特的和个性化的商品。

3. Fab.com：是一家总部位于美国的设计型电商平台，用户可以根据自己的兴趣和喜好购买设计师创造的时尚、家居和生活用品等商品。该平台强调个性化选择和品牌故事。

4. Tophatter：是一家总部位于美国的在线拍卖平台，用户可以根据自己的兴趣参与快速的拍卖活动，竞拍各种商品，包括时尚、美妆、家居和配饰等，从而享受购物的乐趣和刺激。

这些兴趣电商平台都通过个性化地推荐和选择，为用户提供满足其个人兴趣和喜好的商品，使得购物变得更加个性化和有趣。

创造和占据原产地品牌模式

创造和占据原产地品牌模式指企业通过强调产品或服务的原产地，并打造与该地区特色相符的品牌形象，从而获得竞争优势和市场份额的营销策略。这样的例子很多，我们看到很多带有地名、工艺名称的产品都是这个模式，比如，贵州茅台、泸州老窖、山西陈醋、郫县豆瓣酱、道口烧鸡、德州扒鸡等，就是利用原产地品牌模式。

该模式的核心思想是将产品或服务的原产地作为市场竞争的优势，并以此打造独特的品牌形象。原产地通常具有独特的地域特色、工艺技术、传统文化等，这些特点有时会成为产品或服务的附加价值，能够吸引消费者的关注和购买欲望。

在创造和占据原产地品牌模式中，企业需要通过策划营销活动、设计产品包装、宣传品牌故事等方式，将原产地的特色与产品或服务紧密联系起来，让消费者感受到产品与地域文化之间的关联。同时，企业还可以利用原产地的地理优势、资源优势等进行推广和宣传，增强品牌在消费者心中的认知和认可度。

创造和占据原产地品牌模式的优势在于，能够打造独特的品牌形象和故事，增加产品或服务的附加价值，从而提高消费者选择该品牌的意愿。此外，原产地品牌还能够通过提供高品质的产品或服务，赢得消费者的信任和忠诚度，建立长期稳定的市场地位。

然而，创造和占据原产地品牌模式也面临一些挑战。首先，创造与原产地相关的品牌形象需要企业具备相关的生产技术和文化传承等资源。而且，随着全球化的发展，许多品牌已经跨越国界，消费者对于产品的原产地要求也不再那么强烈，因此企业需要更加努力地传达其独特的价值和特色。

总之，创造和占据原产地品牌模式是一种有效的市场营销策略，能够通过突出原产地特色和品牌形象，获得竞争优势和市场份额。然而，企业要成功实施该模式，需要具备相关的资源和能力，并不断适应市场变化和消费者需求的变化。

我们通过对产品的了解，发现原产地品牌具备极强的资产继承性和独占性。这意味着原产地品牌在经济和市场上具有非常宝贵和独特的资产，这些资产可以在继承过程中保持其价值和优势，并且只有原产地品牌才能享有这种独特性。

1. 原产地品牌具备资产继承性，意味着品牌的价值和特性可以在品牌继承过程中被传承下来。这是因为原产地品牌在市场中已经建立了良好的声誉和知名度，消费者对其有着一定的信任和忠诚度。这种品牌资产的传承可以让新一代的品牌继续受益于这种价值和优势，而不需要从零开始建立品牌形象和认知。

2. 原产地品牌具备独特性，意味着只有原产地品牌才能拥有这种独特性。这是因为原产地品牌通常与其所在国家或地区的文化、历史和传统紧密相关。这种独占性使得原产地品牌在市场中具有独特的竞争优势，其他品牌很难通过模仿或替代来获得相同的价值和地位。消费者通常会与原产地品牌产生情感上的连接，将其视为一种特殊的文化象征。

原产地品牌具备极强的资产继承性和独占性。这种特点使得原产地品牌在市场竞争中具有明显的优势，能够持续吸引消费者，实现市场份额的增长和品牌价值的提升。

有一个具体的原产地品牌模式案例是日本的优衣库（Uniqlo）。

优衣库是日本快速时尚品牌，以提供高质量、低价位的基本服装而闻名。该品牌的原产地品牌模式指将品牌与所在国家或地区的文化和价值观相结合，强调日本制造和日本品质。

优衣库在原产地品牌模式方面的具体做法包括：

1. 日本制造：优衣库将产品的制造过程全部放在日本进行，强调产品的日本制造和品质。

2. 日本设计：优衣库的设计团队位于日本，注重日本的设计理念和审美标准。

3. 强调日本品质：优衣库在品牌宣传中强调产品的品质和持久性，打造出了"高品质低价位"的形象。

4. 传统与现代结合：优衣库将日本的传统文化元素融入产品设计中，如和服式的连衣裙和日式图案的T恤等。

通过以上的原产地品牌模式，优衣库成功地塑造了一个兼具高品质、低价格和日本本土文化特色的品牌形象。这种模式使得优衣库在全球范围内拥有了很高的知名度和较强的竞争力。

所以，当你的产品可以与原产地、某种工艺挂钩的时候，最好选择原产地品牌模式，这样就非常利于你的产品打开知名度。大家觉得山西陈醋好，可山西陈醋未必都是山西产的。大家购买食用油，最贵的就是古法压榨花生油，可是你真的能够尝出花生油是机器压榨还是古法压榨出来的吗？

但是，包括我在内，很多时候，对于某类产品，更相信也更青睐原产地品牌模式，即便我知道，可能只是一个名字、一个营销方式，却并不影响我对产品的购买意愿。

| 极简商业模式：商业模式越简单越好

第七章　极简商业模式下的新零售新服务

极简商业模式下的新零售新服务指在新零售领域中，采用简化的商业模式和创新的服务方式来满足消费者需求的商业模式。它通过减少中间环节、优化流程和提升服务体验，打造简单、高效、便捷的购物体验。

首先，新零售新服务注重整合线上线下资源，实现了全渠道的销售和服务；其次，新零售新服务强调数据驱动的营销和个性化服务；再次，新零售新服务还注重创新的支付方式和物流配送体系；最后，新零售新服务还注重社交和体验的融合。通过打造消费者社区、线下体验店等方式，提供了更多的社交场景和购物体验，增加了消费者的参与感和忠诚度。

总的来说，极简商业模式下的新零售新服务通过简化和创新，提供了更便捷、个性化、智能化的购物体验，推动了零售行业的转型升级。

未来小企业都靠服务新零售赚钱

随着科技和互联网的发展，服务新零售成为小企业未来赚钱的重要方式。服务新零售是以线上线下融合的方式提供全方位的购物体验和增值服务，满足消费者日益多样化的需求。

从概念上看，可能没有太大的感触，但是咱们举个例子。社区周围有很多小型商超，实体店面对的用户群体就是社区用户，不过，他们的产品并不是只出售给社区居民。我们通过某团 App 选择小时送，可以买到二十公里以外小型商超的货品。

服务新零售模式，着重于"服务"+"新"零售模式，零售是从古至今都有的一种商业行为。走街串巷的货郎，在某一处摆摊售卖货物的小贩，后来慢慢就有了繁华的市街。从历史记录上来看，我国最繁华的零售时代应该是宋朝。可以说传统的线下零售模式就是在宋朝市街零售模式上的发展和创新的。

然而服务新零售模式，则是一个新事物。给商家带来了更大的发展可能性，同时也为用户提供了更方便的购买途径。所以，我们强调服务新零售模式是能够"养活""养好"一家小微企业。为什么这么说？我们从以下几个方面来看。

首先，服务新零售能够提供个性化定制和增值服务。小企业通过数据分析和人工智能技术，能够深入了解消费者的需求和喜好，为他们提供个性化的商品和服务。通过个性化定制，小企业能够提高消费者的购买意愿和忠诚度。

服务新零售能够提供优质的售前售后服务。小企业通过多渠道的沟通和接触，能够更好地理解消费者的需求和问题，并及时解决。同时，小企业可以通过线上线下的结合，提供更便捷的售后服务，如在线咨询、退换货等，增强消费者的购物体验和满意度。

服务新零售可以帮助小企业拓展销售渠道和市场份额。通过线上销售平台和社交媒体等渠道，小企业可以拓展消费者群体，实现销售的规模化和多元化。同时，小企业可以借助大型电商平台的品牌影响力和流量，提升曝光率和知名度。

服务新零售可以提供数据支持和决策参考。小企业通过数据分析和挖掘，能够更精准地了解市场趋势和消费者需求，为企业的经营和决策提供有力支持。借助数据技术，小企业可以更加高效地运营和管理，提高销售和盈利能力。

极简商业模式：商业模式越简单越好

所以，服务新零售将成为未来小企业赚钱的重要方式，通过个性化定制和增值服务，优质的售前售后服务，拓展销售渠道和市场份额，以及数据支持和决策参考，小企业能够在竞争激烈的市场中脱颖而出，实现可持续发展。

除了服务新零售，还有一种就是数字化新零售。比如，我们总是去便利蜂购物，会看到便利蜂里面有一个不太有眼力见的小机器人。虽然，不知道小机器人的主要作用在哪儿，但是便利蜂就是数字化新零售一个早期代表。

数字化新零售指利用数字技术和互联网将传统零售业务进行转型和升级的过程。它包括在线购物、无人零售、智能商场、虚拟现实购物等多种形式。

数字化新零售的好处包括提升消费体验、降低运营成本、拓展销售渠道和增强竞争力。通过数字技术，消费者可以随时随地购物，获取更多的商品信息和用户评价，实现个性化定制和精确营销。对于零售商来说，数字化新零售可以实现实时库存管理和供应链优化，减少人力成本，提高效率和准确性。而对于品牌商来说，数字化新零售可以销售渠道的多元化和拓展，增加销售机会和市场份额。

同时，数字化新零售也面临一些挑战，如数据安全和隐私保护、技术成本、互联网渗透率等。因此，对于零售企业来说，要顺应潮流，积极探索数字化新零售的模式和技术应用，加强数字化转型和能力建设，以提升竞争力和满足消费者的需求。

不过，比起便利蜂，Hema（盒马鲜生）作为一个全自动便利店，似乎更有话语权：Hema（盒马鲜生）是一家全新的线下数字化零售店，它结合了实体超市和移动电商的特点，通过数字化技术创新来改变传统零售模式。顾客可以通过 Hema 移动 App 在线选择购买商品，也可以直接到店里购物。Hema 店铺里配备了扫码购物、移动支付和自动结账等技术设备，让顾客可以方便快捷地购买商品。

其中，Hema 店里有一个数字化水产区，顾客可以选择新鲜水产品，扫描条码后，可以查看每种食材的来源、养殖方式、营养成分等详细信息。同时，顾客可以选择将购买的水产品由店员处理并烹饪，再前往就餐区享用。这种数字化的方式既提升了用户体验，也增加了店内销售额。

此外，Hema 还提供了快速送货服务，开发了自家配送员团队，承诺 30 分钟内送达。这项服务利用了阿里巴巴强大的大数据和物流系统，可以实时在附近的 Hema 店去接单，并通过短途配送方式，减少了等待时间，并且保证了商品的新鲜度。

通过数字化的方式，Hema 实现了线上线下融合，提供了更好的购物和就餐体验。数字化技术的应用，通过智能化、方便化、个性化等方式，让零售业更加高效和人性化。这一案例彰显了数字化新零售的巨大潜力和市场需求。

基于真实关系和业务的新社群模式

社群模式指社交网络、在线社区等平台上的用户互动行为和交流方式。不过，这一节，我们所要讲的是"新社群模式"。一切都在创新，就连社群模式也在创新。

新社群模式是基于真实关系和业务的一种社群组织形式。传统的社群模式主要建立在共同兴趣和爱好上，而新社群模式更注重个人之间真实的社会关系和业务合作。

基于真实关系的新社群模式强调社区成员之间的亲近和信任程度。社区成员之间可能是现实生活中的朋友、家人、同事等，或者是通过共同的经验和背景建立起的真实关系。这种真实关系能够为社区成员提供更多的

极简商业模式：商业模式越简单越好

合作机会和资源共享，也更容易形成可持续的社区。

基于业务的新社群模式则是以商业合作和价值创造为核心目标。社区成员之间共同合作，分享资源和经验，推动业务发展和创新。这种模式下，社区成员之间的关系更加职业化，合作的重点是为了实现共同的商业目标，而不仅仅是社交和娱乐。

社群模式是我们进入任意一个兴趣社区，社群里的人基本上也都是兴趣相投的陌生人，但是，新社群模式却是熟人聚集地。比起传统社群，新社群模式更加安全、可靠。

新社群模式在数字化和网络化的背景下得以发展和蓬勃。随着社交媒体和互联网技术的不断发展，人们交流和合作的方式发生了巨大变化。新社群模式利用数字平台和在线工具，将社区成员集结在一起，促进信息传递和合作。通过共享知识、资源和网络，新社群模式能够更高效地实现合作和创新，为社区成员带来更多机会和收益。

总之，基于真实关系和业务的新社群模式是一种结合社会关系和商业合作的社群组织形式。它能够通过真实关系和业务合作，为社区成员提供更多合作机会和资源共享，推动业务发展和创新。这种模式在数字化和网络化的时代尤为重要，具有广泛的应用前景。

举一个例子，便民蔬菜直通车是由北京农科尚品农业科技集团有限公司，依托于中国农业科学院和原产地优质农产品生产基地，联合打造的集有机种植、生态养殖、农产品销售于一体的帮扶助农民生工程，主营有机蔬菜、米面油、杂粮、肉蛋禽类等有机无污染的原产地生态农产品，支持农副产品一站式购物，为消费者打造一个安全、放心、可追溯的原产地直供社区的专业平台，在北京市100多个街道社区、部队大院、干休所设有直通车，每个直通车都建有一个以社区居民为服务对象的社群。群内可以接单，也可以举办多样性社区活动。农科尚品蔬菜直通车模式，解决了京郊农产品进城、外埠农产品进京的问题，为乡村振兴做出了积极的贡献。

随着数字化和网络化的快速发展，新的社群模式不断涌现，并在各行各业得到了广泛的应用。我们大概来了解一下新社群的应用领域。

1. 电商社群：以电商平台为基础，通过社群模式来扩大自身的用户群体，提升用户互动和参与度，以及提高用户购买转化率。

2. 社区团购社群：以社区团购团长为基础，以社区居民为主体，以微信群为载体，通过社区团购 App 线上下单，社区提货点线下自提。

3. 教育社群：以学校、教育机构或在线教育平台为基础，通过社群模式来增强学生互动、师生互动和学生与家长的交流。

4. 社交媒体：社群在社交媒体上的应用是吸引和保留用户的关键因素，社交媒体的成功取决于用户是否能够在其中找到自己的社群。

5. 企业内部社群：以企业内部员工为主体，主要功能是宣贯企业文化、进行员工培训、服务合作伙伴等。

6. 健康社群：为慢性病患者和亚健康人员提供社群支持和帮助，是一种公共健康的社群模式。

7. 开源社群：通过贡献和共享知识，加强创新，扩大范围和规模。

所以，社群模式在数字化和网络化的时代中有着广泛的应用和前景，它对创新、协作、知识共享和社会发展的推动作用不可低估。

新零售新服务追求有温度的互动

新服务更多的是激发、鼓励企业与用户之间的互动，而且这个互动是带有温度的互动。企业通过创新的服务方式，打造出有温度的互动体验，以增强消费者的购物体验和提升消费者的忠诚度。

在传统的零售业中，顾客与店员之间的互动往往比较简单，而新零售通过技术创新和服务升级，为消费者提供更加个性化、便捷、互动的购物

| **极简商业模式**：商业模式越简单越好

体验，增加了互动的温度。

一方面，新零售通过技术手段提升了互动的温度。例如，在线购物平台可以根据消费者的购物历史和兴趣偏好，推荐个性化的商品，并通过即时在线客服提供咨询和帮助。这一点，很多消费者应该有感触，在某宝上只是不小心点击了一个床头台灯的商家链接，接下来一周之内，在推荐页面，总是能看到各式各样各种价位的床头台灯。此外，运用虚拟现实（VR）和增强现实（AR）技术也可以使消费者更直观地了解商品特性和效果，增加购物的乐趣和互动感。

另一方面，新零售还通过人性化服务提升了互动的温度。例如，一些新零售企业通过培训店员的服务意识和技能，使其能够更好地与顾客进行沟通和交流，提供个性化的建议和帮助。一些新零售企业还开展了各种线下活动，如签售会、主题分享会等，以增加消费者与品牌的互动和黏性。这一点就是人与人直接的互动，在这里举个例子。

在社区有一家母婴用品店，有全职在家的宝妈特别喜欢去店里买东西。我们知道，如果在某宝、某东上购买纸尿裤、奶粉、书籍、玩具，不仅价格便宜，而且还时常有满减活动。为什么社区内大部分的宝妈还是喜欢在线下母婴用品店购买？因为这家店的老板性格非常好，而且还是幼儿护理专业毕业做了很多年幼儿护理工作。宝妈们把在线上购物剩下的钱，当作购买老板的软性或者说隐性服务。

总的来说，新零售新服务追求有温度的互动希望通过技术创新和人性化服务，为消费者创造更加愉悦、个性化和互动的购物体验，提升消费者对品牌的认同和忠诚度。

而且，通过持续的互动，企业可以收集用户的反馈和意见，了解用户的喜好和需求，从而调整产品和服务的策略。同时，互动还可以帮助企业更好地推广和营销产品，增加用户的参与和忠诚度。

我们还说这家母婴用品店，在与宝马客户群体的沟通中，老板是可以更精准地把握进货的种类。比如，纸尿裤的品牌、奶粉的品牌，或者是宝妈更希望给自己的幼儿购买什么样的玩具，等等。所以，互动中，商家、企业是可以直接从用户反馈信息中调整销售策略，升级并优化产品类别。当商家越来越懂用户的心，用户自然而然也会对商家具有更强的黏性和信任度。

并且，互动还可以产生用户生成内容，如评论、评分、推荐等。这些用户生成内容可以帮助其他用户更好地了解产品和服务的质量和价值，提高购买决策的准确性。

通过持续的互动，企业可以建立起与用户的良好关系，增加用户的黏性和忠诚度。这种关系可以促使用户对企业的产品和服务进行口碑传播，为企业带来更多的用户和销售机会。

总而言之，新零售和新服务需要和用户之间进行持续的互动，互动可以帮助企业更好地了解用户、调整策略、推广产品、增加用户的参与和忠诚度，并产生用户生成内容和口碑传播的效果。

所以，我们会发现，开在线下，尤其是社区内的小型商超中，如果是一个性格开朗、会聊天的老板，他家的店就会很火。举个例子，汇鑫小超市在小区北门口开了五年多的时间，但是，今年年初小区北门的另一侧开了一家叮当小超市，卖的货品基本上差不多，各类产品的定价也差不多。但是，仅仅半年多的时间，开了五年多的汇鑫贴出了"旺铺转租"。

别人不说，单说我和家人就很喜欢去新开的小超市，用一位常去购物的阿姨的话说"都差不了块儿八毛的，但是，一看你（指的是叮当小超市的老板娘），我就心情好"。的确，这位老板娘带给消费者的感觉就是她很亲切，不像汇鑫超市的老板娘总是板着一张脸。当然每个人的性格不同，可是，消费者在购买一件商品时，注重的是商品本身，在商品没有太大差距的前提下，消费者侧重的是情感体验和情感满足。

侧重情感体验和情感满足也是新零售新服务的一个特点。

所以，我们发现，在新零售中，品牌和商家致力于营造情感化的购物环境，通过产品的设计、包装、营销等方面来激发消费者的情绪。例如，一些服装品牌会打造出时尚、个性的形象，并引发消费者对时尚、成为潮流的渴望，从而让消费者产生购买欲望；而一些餐饮品牌则会通过装修、音乐、氛围等来创造浪漫、温馨的就餐体验，使消费者在用餐过程中感受到愉悦和满足。

情绪价值在新零售中的强调也与消费者的需求转变有关。现在的消费者追求个性化、多样化的消费体验，注重购物的意义和感受，希望在购买过程中获得情感上的满足。因此，新零售的消费品强调情绪价值，旨在创造与消费者共鸣的情感体验，增强消费者的品牌忠诚度和购买意愿。

数字化时代的新零售品牌模式

我们继续来聊新零售，这一节我们把侧重点放在"数字化时代"的新零售"品牌"模式。

对数字化时代，大家不陌生，对于品牌模式，也都非常理解，把这些词汇合在一起，是什么意思呢？数字化时代的新零售品牌模式指利用互联网、移动设备、社交媒体等数字化工具和技术，以及数据分析和智能化技术，进行商业运营和品牌推广的零售企业模式。

在数字化时代，消费者的购物行为、消费习惯发生了变化，他们更加倾向于线上购物、社交媒体营销和个性化定制等。因此，新零售品牌模式应运而生，以适应这一新趋势。

数字化时代的新零售品牌模式具有以下五个特点。

1.多渠道销售：新零售品牌通过线上线下多渠道销售，消费者可以在网上购买产品，也可以到实体店体验购物。这种多渠道销售的模式能够更好地满足消费者的购物需求。

2. 个性化定制：新零售品牌通过数据分析和智能化技术，能够了解消费者的偏好和需求，实现个性化定制的产品和服务。消费者可以根据自己的需求定制产品，提高购物的满意度。

3. 社交媒体运营：新零售品牌通过社交媒体平台开展品牌营销和推广活动，与消费者建立更加密切的互动关系。通过社交媒体平台，品牌可以传播产品信息、与消费者交流，并通过用户生成内容的推广，提高品牌曝光度和认知度。

4. 数据驱动的营销：新零售品牌通过数据分析和智能化技术，可以收集和分析消费者的购物行为和偏好，提供个性化的推荐和营销策略。通过数据的驱动，品牌可以精准地定位消费者需求，提高营销效果。

5. 全渠道一体化：新零售品牌致力于实现线下线上的一体化运营，通过物流配送、支付体验、线上线下的无缝衔接等方式，提供全渠道一体化的购物体验，让消费者可以随时随地购物。

这里面的品牌不一定是那些动辄在电视媒体上广而告之的品牌，比如，现在很多人在购买文具的时候，不是直接选择文具品牌，得力、晨光、真彩，而是直接选择"三年二班"。这就是新零售品牌的力量，我们在多个电商平台上都能找到"三年二班"的店，店里文具种类繁多，比之得力、晨光，"三年二班"更具少年感、青春气息。

所以，数字化时代的新零售品牌模式以互联网、移动设备和社交媒体为核心，通过多渠道销售、个性化定制、社交媒体运营、数据驱动的营销和全渠道一体化等方式，为消费者提供更加便捷、个性化和优质的购物体验。

既然新零售新服务品牌模式对于中小企业发展有助力，那么，我们应该如何创建品牌模式？其实，还是没有走出极简模式的套路，以极简的创牌模式来打造一个属于你的品牌。

极简商业模式：商业模式越简单越好

极简的创牌模式，是一种简化的创牌过程，适用于初学者或有限时间的人。以下是一个基本步骤：

第一步，确定品牌定位，明确品牌的核心理念、目标市场和竞争优势。

第二步，品牌命名，选择一个简洁、易记、与品牌定位相关的名称。

第三步，设计 Logo，创建一个简单而独特的 Logo，符合品牌形象，并能够代表品牌的核心理念。

第四步，品牌宣传语，创作一个简明扼要的宣传语，能够准确地传达品牌的核心理念和价值。

第五步，制作品牌简介，创建一个简短但有力的品牌简介，介绍品牌的核心理念、目标市场和竞争优势。

第六步，制作宣传物料，设计和制作一些简单而有吸引力的宣传物料，如名片、宣传单页、海报等。

第七步，增加线上线下曝光，通过建立网站、社交媒体账号等途径，提高品牌的曝光度与可见性。

通过以上七个步骤，您可以快速创建一个基本的品牌形象。当然，为了更好地建立和推广品牌，您可能还需要进行更多的市场调研和市场营销活动。

正是因为新品牌在数字化时代的塑造是关键的，因为这决定了品牌在市场竞争中的竞争力。所以，我们来看一下新品牌在数字化时代塑造的一些关键要素：

1. 网络定位和在线可见性：新品牌需要通过建立一个在线存在来提高其可见性。这可以通过建立一个专业的网站、参与社交媒体和在线广告等方式实现。在数字化时代，消费者往往首先在网络上搜索相关产品或服务，因此新品牌需要确保自己在搜索引擎排名中能够获得较高的位置。

2. 社交媒体营销：社交媒体已经成了品牌塑造和推广的重要渠道。新品牌需要在适合他们目标受众的社交媒体平台上建立自己的存在，并与用户进行互动。这可以通过发布有价值的内容、与用户进行对话和回应用户的问题和反馈等方式实现。

3. 关注用户体验：数字化时代的消费者更加关注购买体验和用户体验。因此，新品牌需要在产品设计、网站功能和客户服务等方面注重用户体验。通过提供便捷的购物体验、个性化的服务和快速的客户支持等方式，可以帮助新品牌赢得消费者的好评和忠诚度。

4. 数据驱动的决策：在数字化时代，新品牌可以通过数据分析来理解消费者需求、市场趋势和竞争对手的策略。这可以帮助新品牌做出更好的决策，优化市场推广策略，提高销售效果。

5. 创新和变革：数字化时代变化迅速，新技术和新商业模式不断出现。新品牌需要保持创新和变革的思维方式，积极采用新技术和新模式来提升自己的竞争力。这可以通过与科技公司合作、关注行业趋势和参与创新项目等方式实现。

综上所述，数字化时代对新品牌的塑造提出了更高的要求。新品牌需要通过网络定位和在线可见性、社交媒体营销、关注用户体验、数据驱动的决策及创新和变革等方式来建立其品牌形象，并与消费者建立紧密的联系和信任。

极简人工智能服务模式可以创造新机会

极简人工智能服务模式可以创造新机会的主要原因在于其能够提供更高效、更便捷的服务，为用户和企业带来更多的价值。以下是一些具体的观点。

1. 降低使用门槛：传统的人工智能技术需要复杂的数据处理和算法应用，对于一般用户或小型企业来说可能较为困难。而极简人工智能服务模

极简商业模式：商业模式越简单越好

式通过简化技术操作流程，提供用户友好的界面和操作方式，使得更多的用户能够轻松上手并享受人工智能的好处。这为普通用户和小企业提供了参与人工智能应用的机会。

2. 提供定制化服务：极简人工智能服务模式具备灵活性，能够根据用户的需求进行个性化定制，满足用户的特定需求。比如，基于用户的历史数据和偏好，智能音箱可以提供个性化的音乐推荐、智能家居设备可以根据用户的生活习惯自动调整等。这种个性化的服务模式可以为用户创造全新的体验和价值，带来更多的商机。

3. 提高工作效率：极简人工智能服务模式可以通过自动化和自动化的方式替代一些烦琐、重复的任务，从而提高工作效率。例如，自动化的客服机器人可以帮助快速解决用户的问题，而无须等待人工客服的响应。这种高效的服务方式可以为企业节省时间和人力成本，同时也为企业提供提升用户满意度和忠诚度的机会。

4. 融合创新实践：极简人工智能服务模式可以与其他技术进行深度融合，开创新的应用场景。例如，将人工智能与物联网、大数据等技术相结合，可以实现智能家居、智慧城市等新兴领域的创新服务。这些创新实践将为企业开辟新的市场空间，并带来更多的商机。

总之，极简人工智能服务模式的出现不仅改变了传统人工智能服务的方式，更为用户和企业带来了更大的机会和潜力。通过简化操作、个性化服务、提高效率和创新实践，它不仅为用户提供更好的体验和价值，也为企业创造了更多的商机和成长空间。这一模式的发展将对多个领域产生积极的影响，并推动人工智能的进一步普及和应用。

实际上，现在各个领域都在引入人工智能，因为大部分人都清楚，人工智能就是未来商业发展的趋势。同样，将传统产业与人工智能相结合，可以为企业带来全新的商机。人工智能可以提供智能化的解决方案和效率提升，使传统产业在数字化和智能化时代得以一定程度上的更新和提升。

以下是一些传统产业利用人工智能所带来的新生意的例子。

1. 制造业：通过人工智能的视觉识别技术，可以实现自动化检测和质量控制，提高产品质量和生产效率。同时，人工智能的数据分析和预测能力可以帮助企业进行生产计划和供应链管理优化，减少资源浪费和成本。

2. 零售业：利用人工智能的推荐系统和个性化营销技术，可以为消费者提供更加精准的商品推荐和购物体验，增强用户黏性。此外，人工智能还能通过数据分析和预测，帮助零售企业进行需求预测、库存管理和价格优化，提高销售效益。

3. 金融业：金融机构可以利用人工智能的风险识别和欺诈检测技术，提高贷款审批和风控的准确性和效率。此外，人工智能的算法交易和投资分析能力，也可以为投资者和基金管理者提供更好的决策支持。

4. 教育业：人工智能可以用于个性化教育，通过分析学生的学习行为和反馈，为学生提供个性化的学习内容和学习进度，提高教学效果。另外，人工智能还可以用于智能辅助教学，提供自动化的评估和反馈，减轻教师的工作负担。

不得不说，近几年来人工智能为各行各业带来了许多新的商机和创新机会，传统产业加上 AI，不仅可以提高效率和质量，还可以创造新的服务和价值，推动企业实现转型升级。

我们以三翼鸟品牌为例，来看一下人工智能对于传统产品、服务的提升与优化：

三翼鸟是一家智能睡眠方案服务商，致力于提供创新的智能产品和解决方案，帮助用户改善睡眠质量和健康。该公司的产品和服务涵盖了智能床垫、智能枕头、智能眼罩等多个领域。

三翼鸟的智能产品通过传感器和智能算法，能够实时监测和分析用户的睡眠数据，包括睡眠时长、深度睡眠、浅睡眠、醒来次数等指标。同时，它还能智能调整床垫和枕头的硬度、高低等参数，提供更加舒适的睡眠体验。此外，该公司还提供定制化的睡眠方案和专业的咨询服务，帮助用户解决睡眠问题和改善睡眠质量。

三翼鸟秉承科技驱动睡眠健康的理念，不断推出创新的产品和解决方案，已经成为行业内的知名品牌。通过提供智能睡眠方案，他们希望能够帮助更多的人拥有健康的睡眠，提高生活质量。

第八章　极简商业模式下的合伙人模式

极简商业模式下的合伙人模式是一种简单而高效的事业合伙人模式。在这种模式下，各个合作伙伴以共同的商业目标为导向，共同开疆拓土，共同分享企业经营收益，共同承担经营风险，共同努力推动共同的事业向纵深发展。

在极简商业模式下的合伙人模式中，合作伙伴之间的关系以合作、共享和互惠为基础。每个合作伙伴都具备独特的专长和资源，通过合作将各自的特长和资源结合起来，形成互补的优势。共同承担风险可以减轻每个合作伙伴的压力，并增加合作的动力和合作的稳定性。

这样的模式可以提高商业合作的效率和灵活性。合作伙伴之间可以通过分享资源、共同开发、推广产品或服务等方式，快速响应市场需求和变化。是一种充分发挥合作伙伴优势，实现合作共赢的商业合作模式。在这种模式下，合作伙伴之间通过共享资源、分工合作等方式，共同推动企业发展，实现经济效益和社会价值的最大化。

数字化时代的合伙人模式

数字化时代的合伙人模式，是一种企业把符合一定条件的员工和大客户升级成为公司合伙人、股东的战略合作模式，也可以是一种电子商务平台上的商业合作模式，通过数字技术和互联网的发展，企业可以利用合作伙伴的资源、技术和渠道，实现创新和增长。

在数字化时代，企业可以与不同领域的合作伙伴建立合作关系，共同利用彼此的资源和优势，实现共赢的商业目标。这种模式下，企业可以与员工、供应商、分销商、技术提供商、物流公司等建立战略合作伙伴关系，通过共享股权、资源和技术来提高市场开发效率和创新能力。

战略合作伙伴可以在产品开发、销售渠道、市场推广、客户服务等方面与企业共同合作，共同承担风险和责任。双方可以合资成立子公司、分公司、办事处、服务站，共同开发、推广新产品或服务，共享市场营销资源和渠道，提供更好的产品和服务体验。通过战略合作伙伴的力量，企业可以更快地推出新产品，拓展新的增量市场，提升市场份额，并在竞争激烈的数字化时代中保持竞争优势。

数字化时代的合伙人模式还可以促进企业之间的合作和创新，形成产业生态系统。企业可以与竞争对手、行业领军企业、创新公司等建立合作关系，共同推动产业创新和发展。合作伙伴的合作和互联互通可以打破传统产业的壁垒，促进资源共享和创新应用，实现更高的效益和增长。

合伙人模式因为和员工、客户缔结了稳固的战略合作伙伴关系，形成了利益共同体，不仅可以解决经营业绩可持续增长的问题，还从根本上解决了自我驱动和为谁而战的问题。

举个例子，北京昕大洋科技发展有限公司是全国酶制剂行业十强企业、首都饲料行业标杆企业，主营业务为饲料添加剂和生物饲料，公司提出"企业共产，共生共赢"的发展理念。

在2018年启动了战略合伙人模式，一批认同昕大洋企业文化和发展模式的核心员工、大客户成为了昕大洋的合伙人、股东，和公司缔结形成了稳固的伙伴关系，在短期内实现了经营业绩的高速增长，公司的市场竞争力也得到了进一步增强。

综上所述，数字化时代的合伙人模式是一种利用经营平台和数字技术，与合作伙伴共享股权、资源和技术，实现创新和增长的战略合作模式。通过与各种合作伙伴的合作，企业可以拓展市场，提高效率和创新能力，实现共赢的商业目标。

当然，赚钱也好，创业也罢，在帮助别人的同时也是在成就自己。合伙人模式，只有"双向奔赴"才有意义，只有"共同奋斗"才有成果，只有"共同富裕"才是共赢。

但是，数字化时代的合伙人和传统合伙人在合作等方面并不一样。数字化时代的合伙人模式指不同组织之间通过数字化技术和平台合作，共同推动业务发展和创新。我们来看一下数字化时代的合伙人模式。

1. 微信与各类企业合作：微信作为中国最大的社交媒体平台，通过数字化时代的合伙人模式，与各类企业合作，包括零售商、餐饮业、出行服务等。通过微信支付、微信公众号等工具，企业可以与微信用户进行连接，实现商业合作。例如，零售商可以通过微信小程序与微信用户进行交互，提供在线购物、促销活动等，加快销售并提高用户体验。

2. Airbnb（爱比邻）与房东：Airbnb 是一个在线共享经济平台，通过数字化时代的合伙人模式，与房东合作提供住宿服务。房东可以通过在 Airbnb 上发布自己的房屋信息，吸引旅行者租赁，并通过平台进行在线预订、支付和沟通。Airbnb 提供信任和安全保障，促进了房东和旅行者之间的合作。

3. 滴滴出行与合作伙伴：滴滴出行作为中国领先的出行服务平台，通过数字化时代的合伙人模式，与合作伙伴合作提供打车服务。合作伙伴可以通过滴滴的平台提供车辆和司机，接受乘客的叫车请求，完成交易并收取服务费。滴滴提供供需匹配、支付和安全保障等服务，实现了平台、合作伙伴和乘客之间的共赢。

4. 恩邦农牧与合伙人：山东恩邦农牧发展有限公司位于山东省临沂市，旗下有多家直接控股或间接控股的子公司，涉足种猪、饲料、动保、养殖、食品等业务板块。公司在重点业务板块启动了合伙人模式，多位业务骨干和合作伙伴通过参股的方式成了公司的合伙人和股东，形成了坚不可摧的伙伴关系。

5. 安佰特与合伙人：北京安佰特科技发展有限公司主要面向农牧行业，是国内首家发酵耦合溶菌酶研发生产企业，销售服务网络遍及全国，远销海外。公司业务模式转型后，启动了合伙人模式，一批能和安佰特共同创业的员工和经销商成了安佰特的事业合伙人，和公司结成了利益共同体，安佰特又焕发了新的活力。

6. 华瑞生物与合伙人：江西华瑞生物科技有限公司是一家以标准化、规范化、集约化和产业化为导向的高科技农牧企业，主营业务包括生物饲料、蛋鸡养殖、生猪养殖等产业。华瑞生物初创时期就引入了多名合伙人，大部分管理层都在公司持有股份，都是公司股东，都是华瑞生物资产的所有者和经营的受益人。

7. 金瑞晨与合伙人：甘肃金瑞晨农牧科技集团有限公司总部在甘肃省天水市，是一家饲料企业，旗下有6家控股子公司，公司将金瑞晨事业作为一个创业平台，感召10多位区域经理、经销商和公司成立了10多家合资子公司，成为金瑞晨合伙人，实现了人人成为老板、人人都有战斗力、人人都在为自己的梦想奋斗。

8. 神诸科技与合伙人：湖南神诸科技有限公司成立于湖南省长沙市，是一家专业从事猪场规划设计、施工和输出智能养猪设备、智能饲养系统等为一体的高科技企业。公司成立之初就通过合伙人模式形成了前期的创业团队，后期还将通过合伙人模式启动新的增量项目，从而实现公司业务模式的转型升级。

这些案例展示了数字化时代的合伙人模式在不同行业的应用。通过数字化技术和平台，各方合作伙伴可以实现资源共享、业务拓展和创新，提高效率和用户体验。

合伙人模式如何极简化

合伙人模式是一种战略合作模式，在这种模式下，多个个体或组织共同投资和运营一个项目或企业。合伙人共享投资成本、利润和风险。为了极简化合伙人模式，可以采取以下几个措施。

1. 简化合伙协议：合伙人应尽量简化合伙协议或战略合作协议，明确各方的权力和责任。协议应包括合作期限、合作模式、资本投入、人员分工、利润分配、管理方式、退出机制以及风险承担等关键条款，避免冗长和复杂。

2. 简化管理架构：合伙人模式可以设置一个简单的管理架构，减少冗余和复杂度。可以由一个或少数合伙人来管理日常运营和决策，避免过多的层级和烦琐的决策程序。

3. 分工合作：合伙人应根据各自的专长和经验进行分工合作，明确各自的职责和任务。这样可以提高效率，避免重复劳动和冲突。

4. 协同沟通：合伙人之间应保持良好的沟通和协作，共同制定战略方向和目标，及时交流问题和解决方案。可以利用现代科技手段如视频会议、共享文档等，方便协同工作。

5. 简化决策程序：合伙人模式应尽量减少决策程序的繁杂，避免过多的讨论和审批环节。可以授权一部分决策权给少数几个核心合伙人，提高决策效率。

6. 保持灵活性：合伙人模式应保持一定的灵活性，及时适应市场变化和业务需求的调整。可以在合伙协议中约定应对变化的方式和程序，以确保合作关系的稳定和可持续发展。

7. 简化退出程序：合伙人模式中，某位合伙人可能有退出的需求。为了极简化合伙人的退出程序，可以在合伙协议中包含明确的退出方式和条件，如买断、转让股权等，避免纠纷和耗时。

按照上面七条的内容就可以将合伙人模式进行极简化，我们用一个简单的案例来说一下极简化合伙人模式：

假设有两位朋友塞琳娜和乔治要共同经营一家小型咖啡馆。他们希望简化合伙人模式，以便迅速开始经营并减少烦琐的合作协议。

1. 共同决策：塞琳娜和乔治决定在所有重要决策上享有同等的决策权。这意味着两人需要一致同意才能做出重大决策，例如，引进新产品、聘请员工或更改经营策略。

2. 贡献资金：塞琳娜和乔治决定平等共同出资，以拥有相等的股份和权益。他们决定每人出资5万美元，总计10万美元作为启动资金。这样，在未来分配利润时，他们可以按照出资比例来分享。

3. 利润分配：塞琳娜和乔治决定将净利润按照他们的股份比例进行分配。假设每年的净利润为20万美元，塞琳娜将获得10万美元，乔治也将获得10万美元。

4. 责任和风险共担：塞琳娜和乔治决定共同承担经营风险和责任。如果咖啡馆发生亏损或遭受法律纠纷，他们将共同负责并承担费用。

5. 解散协议：塞琳娜和乔治拟定了一份简洁的合作解散协议。在任何一方希望终止合作时，他们需要提前通知对方，然后以公正的方式处理资产和负债。

这个案例中的合伙人模式非常简化，仅涉及最核心的决策权、资金出资、利润分配、责任和解散协议方面。这有助于塞琳娜和乔治快速开始他们的咖啡馆业务，同时避免了过多的法律和合规责任。

实际上，我们很多创业者都可以选择志同道合的合伙人，以这样极简的方式进行合作。彼此之间利益相连的同时，也责任分明，没有太多烦琐的牵扯，反而是更加舒适的相处模式。

极简合伙人模式的几种子模式

极简合伙人模式指一种基于合作、共享和共赢的商业合作模式，以最小化合作成本、最大化合作效益为目标。在极简合伙人模式下，合伙人之间通常以相对简单、灵活的方式进行合作，避免过多的管理和决策层次，以快速响应市场需求和变化。

以下是极简合伙人模式的八种子模式。

1. 特长合伙人模式：合伙人根据各自的身份和特长进行合作。每个合伙人负责自己擅长的领域，相互之间进行协作和支持。这种模式适用于各自有独特技能或资源的合作伙伴。

2. 贡献合伙人模式：合伙人根据各自的能力和资源进行合作。每个合伙人根据自己能够贡献的资源或资金进行合作，共同分担风险和收益。这种模式适用于资金充足、资源丰富的合作伙伴。

3. 推广合伙人模式：合伙人通过推广和分销对方的产品或服务进行合作。每个合伙人负责推广和销售对方的产品或服务，通过销售提成或佣金进行收益分享。这种模式适用于具有销售渠道和市场资源的合作伙伴。

4. 项目合伙人模式：合伙人根据各自的专业能力和兴趣进行合作。每个合伙人根据自己的专业领域或兴趣选择参与合作的项目，共同完成项目的目标和任务。这种模式适用于具有不同专业背景和技能的合作伙伴。

5. 众筹合伙人模式：合伙人通过共同出资进行合作。投资合伙人只投入一定的资金，不参与项目经营，共同承担项目风险，按投资比例享受项目利润扣除管理股比例之外利润的分红。这种模式适用于资金充裕的合作伙伴。

6. 借贷合伙人模式：合伙人通过借贷形式出资进行合作。每个合伙人共同投入一定的资金或资源，共同承担项目风险，共同享受项目收益，借贷合伙人可以在约定的退出年限退出。这种模式适用于资金短缺的合作伙伴。

7. 合资公司合伙人模式：合伙人根据双方战略合作模式的约定和项目方共同出资成立合资分公司或合资子公司。合资公司合伙人一般占股49%以下，担任分子公司总经理，负责项目在授权区域内的市场开发和分、子公司的经营管理。这种模式适用于创业型企业快速进行市场扩张。

8. 区域合伙人模式：也叫城市合伙人模式，合伙人通过成为项目方总公司或分、子公司的区域代理商、城市代理商的形式进行合作。区域合伙人具备一定的业绩条件，可以参股成为项目方总公司或分、子公司的股东。这种模式适用于企业推进经销商员工化，把客户升级成为公司的战略合作伙伴、合伙人。

以上八种子模式可以根据合作伙伴的需求和条件进行灵活组合和调整，以适应不同的合作场景和合作模式。

我们还是举个简单的例子：

杨博是个创业者，他创立的初创公司正在设计和开发一款智能家居设备，并需要寻找合适的合伙人来共同推进项目进展和实现商业化。

于是，杨博找到了一位技术背景强大且具有丰富工程经验的合伙人蒋欣。在合作过程中，蒋欣将负责设备的硬件和软件开发，确保产品能够符合市场需求并具备竞争力。

另外，杨博的公司不仅要有技术合伙人，还需要一位具有营销背景和市场分析能力的合伙人，以帮助确定目标市场、制定营销策略并推动产品的推广和销售。于是，杨博与一位有着丰富营销经验的合伙人刘南达成了合作。

杨博的合伙人并不是一个，而是蒋欣和刘南两个。于是，杨博和两位合伙人签订一份极简的合伙协议，其中包括各自的职责和所持股份的比例。他们共同决定了初期的投资金额和融资计划，以及将利润如何分配等重要事项。

初创公司的三位合伙人利用各自的能力和资源，将完整产品原型开发到市场上并开始销售。他们共同承担风险并分担责任，通过紧密合作和共同努力，公司逐渐发展壮大。

随着业务的发展，公司可能会吸引其他投资者的关注，并进一步融资以推动规模化生产和市场扩张。届时，极简合伙模式的灵活性将使公司能够更轻松地调整股权结构和决策权，以适应新的发展阶段和新的合作伙伴的加入。

由此可见，极简合伙模式是一种非常灵活、简单的合作模式，也非常适合初创公司和小型企业。它相较于传统的股份公司和有限责任公司等形式更加简单，无须进行烦琐的注册和法律手续，合伙人只需要签订一份简单的协议即可。

极简合伙人模式的操作要点

我们已经了解极简合伙模式的特点是合伙人之间分工明确，有各自的职责和投入。对于初创公司来说，这一模式可以让多个合作伙伴在资金和资源方面互相支持，实现更快速的成长。

此外，极简合伙模式消除了一些传统公司形式的限制，比如，股份公司需要公开披露财务状况等信息，有限责任公司需要有一定的注册资本和固定的董事会等管理机构。而极简合伙模式则没有这些要求，合伙人可以根据实际需求自由组织和管理。这样，初创公司可以更加灵活地应对市场变化，更快地适应环境和快速创新。

极简商业模式：商业模式越简单越好

不过，需要注意的是，合伙人之间需要建立良好的合作关系，以及制定合适的风险分担措施，避免出现合作纠纷和经济损失。这就涉及极简合伙人模式的操作要点，如何操作才能最大限度地发挥极简合伙人模式的优势，可以从以下几个方面操作。

1. 确定合伙人关系：明确合伙人的身份和责任，确定合伙方案和利益分配方式。各合伙人应具有共同的目标和价值观。

2. 明确责任和权力：确定每位合伙人的责任和职责分工，确保各方的权力和决策能力得到平衡和保障。

3. 签订合伙协议：编制合伙协议，明确了解合伙方案、资金投入、利益分配、决策机制、退出机制等要点，并经过法律专业人士的审核。

4. 建立有效的沟通机制：确保合伙人之间的沟通通畅，建立良好的工作协作关系，及时解决问题和冲突。

5. 共享资源：合伙人应共享资源，如人力、财力、技术等，以提高合作效率和合作能力。

6. 风险分担和责任：合伙人应共同承担经营风险和责任，并明确各自的责任范围和义务。

7. 合作精神：合伙人应保持合作精神，相互支持和信任，共同努力实现共同目标。

8. 及时决策和执行：在合伙人之间建立高效的决策和执行机制，确保合作项目的快速推进和运营。

9. 经营规范和法律合规：合伙人应遵守相关经营规范和法律法规，保持良好的商业道德和合法经营。

10. 退出机制：合伙人应建立合理的退出机制，确保在合作关系解除时能够公平、顺利地分割利益和财产。

看起来十条内容不算少，我们以共享单车企业为例，来看一下极简合伙人模式操作要点。

某城市中共享单车市场竞争激烈，有 A、B、C 三家共享单车企业，每家企业都在争夺市场份额。它们分别占据市场份额的 40%、30% 和 30%。为了共同应对市场竞争，它们决定采取极简合伙人模式。

多家共享单车企业共同组成合伙人团队，每家企业按照资金投入和市场份额的大小来确定各自的股权比例。A、B、C 三家企业组成合伙人团队，按照市场份额的大小来确定各自的股权比例，A 占 50%、B 占 30%、C 占 20%。

成立极简合伙人团队之后，解决以下问题：

1. 共同投资：合伙人团队共同出资，用于扩大共享单车的投放量、改善产品和服务质量等。

2. 共同经营：合伙人团队共同参与企业的经营决策，协商并制订共同的运营策略、市场推广方案等。

3. 分享利润：根据各家企业的股权比例，合伙人团队按照投资额来分享企业盈利的部分。利润分配可以根据股权比例来分配，也可以根据每个企业的市场表现来分配。

4. 分享利润：根据各家企业的股权比例，利润按照投资额来分配。如果年度利润为 2 亿元，A 将获得 1 亿元，B 将获得 6000 万元，C 将获得 4000 万元。

所以，极简合伙人模式是能够让市场上多家企业达成共识，如果彼此竞争，不管是运用怎样的竞争手段，彼此之间都会在竞争中受到不同程度的损失。但是，合作却能够让三家企业达到共赢的效果。

这种极简合伙人模式可以让各家企业共同分享资源和经验，共同应对市场竞争，实现共赢。同时，通过共同投资和共同经营，能够提升企业的市场竞争力，提高整体效益。

极简商业模式：商业模式越简单越好

极简合伙人模式如何提高成功率

要提高极简合伙人模式的成功率，可以选择具备能力、经验、信誉和资源的优秀合伙人，并且要在合作前明确双方的期望和目标，以便在后续的合作中更好地沟通和协调；此外，也应该在合作之前对双方的职责和权力进行明确的定义和划分，以避免合作中的纷争和摩擦；以及与合伙人建立良好的沟通机制，包括定期会议、邮件沟通、电话讨论等，以保持双方之间的沟通畅通；当然，合作过程中应平等地分担风险和利益，保障双方的权益；最后就是，彼此之间的经验共享，要在实际合作中不断总结经验，不断优化合作模式，以提高成功率。

具体可以分为以下六点：

1. 明确目标和期望：在合伙关系开始之前，双方应该充分沟通并明确彼此的目标和期望。清晰的沟通可以帮助避免误解和冲突，从而提高合作的成功率。

2. 找到互补的技能和经验：合伙人应该具备互补的技能和经验。这样可以增加团队的多样性，并能够更好地应对挑战和问题。

3. 建立有效的沟通和决策机制：合伙人之间应该建立良好的沟通渠道，并制定清晰的决策机制。及时有效的沟通和决策可以提高合作的效率和成功率。

4. 制定明确的责任和权益分配：合伙人应该明确各自的责任和权益分配。这样可以避免合作期间的不公平和纷争，并确保每个合伙人都有明确的责任和动力去推动项目的成功。

5. 建立强大的信任和合作关系：合伙人之间应该建立强大的信任和合

作关系，应该让所有合伙人都有参与感和归属感。只有当合伙人之间互相信任并共同努力时，才能够克服困难并取得成功。

6. 持续学习和改进：合伙人应该保持学习和改进的心态。随着项目的发展和变化，合伙人需要不断学习和适应新的挑战和机会，以提高合作的成功率。

以上是提高极简合伙人模式成功率的一些建议，但具体的成功与否还取决于各种因素，包括市场环境、商业模式以及合伙人之间的配合程度等。

接下来，我们通过肆拾玖坊合伙人模式案例了解一下目前比较具有特点的商业模式、合伙人模式。

肆拾玖坊实业有限公司创立于2015年，是一家以酱香酒的生产经营为主，兼营其他源头健康食品的产业互联网新零售企业。公司以"恪守品质、科技赋能，助力消费升级，助兴美好生活"为企业使命，致力于提高广大国人的生活品质。

肆拾玖坊坚持"唯信任不可辜负，唯用心方可成功"的企业核心价值观，恪守品质、科技赋能、用户至上，与时代同行。它以中产家庭衣食住行社群、生态布局为特色，是一个快速崛起的互联网新锐公司。

肆拾玖坊不断建设自己的酿酒基地和储酒基地。它立足茅台镇核心产区，严格遵守12987传统古法酿酒技艺，引入先进管理，建立了行业领先的酿酒、储酒、灌装、物流供应链——全产业链质控体系，目前，已建成四个储酒基地、千口以上窖池、万吨以上产能，跻身茅台镇行业领先的酱酒生产企业，多次获得业内多个荣誉和奖项。

肆拾玖坊的合伙人模式是一种带有股权众筹性质的独特的商业模式。肆拾玖坊总部通过与49个经销商合伙人建立战略合作伙伴关系，这些合伙人则被授权开设肆拾玖坊营销分公司，作为公司遍布全国的渠道和经销商，每个分公司再发展一定数量的股东、合伙人，使分公司的所有者同时成为经营者、消费者，销售业绩优异的分公司合伙人还有机会认购肆拾玖坊总

> 极简商业模式：商业模式越简单越好

部的股份，成为肆拾玖坊资本经营的受益者。分公司的业绩将直接影响到总部的利润分配，根据业绩，分公司可以分享总部 70% 的利润。

肆拾玖坊的合伙人模式融合了众筹和会员制两大元素，由 49 位商界人士联合发起，包括联想的前高级管理人员等。此模式的实质是把消费者转化为合伙人，让他们在购买产品的同时也成为企业的共享者，既帮助销售产品，也为企业提供资金支持。

肆拾玖坊的商业模式是一个可持续发展的商业生态系统，它通过股权、新零售分红和圈层营销等多种方式，实现了利益共享和价值共创。肆拾玖坊坚持合伙众创思维，致力于打造社群社交新零售体系。此外，肆拾玖坊的"新·中国合伙人"精神强调以身作则，反求诸己；以诚相待，利他情怀；共同进步，砥砺前行；风雨同舟，荣辱与共；尊重规则，大局为先；创造价值，解决问题等核心价值观。

肆拾玖坊能够在短时间内迅速发展，成为中国白酒新物种、酱酒新势力、酒业新零售的代表，主要得益于其成功开发和整合了联想 IT 系统上下游 2 万人的私域流量资源。

总的来说，肆拾玖坊在短短的几年内通过合伙人模式取得了显著的发展成果，在 2020 年的销售额已经突破了 20 亿元，合伙人数量从最初的 49 人发展到现在的 10 万人，这些合伙人遍布全国多个省市，从事行业范围非常广泛。肆拾玖坊门店数量已达到 3000 家，还计划在 2025 年前建立 5000 间新零售专卖店。

近年来，肆拾玖坊不仅在产品生产和销售上取得了突出的业绩，而且在品牌建设和市场开拓上也取得了显著的成效。这种模式不仅推动了肆拾玖坊的快速发展，也为其他行业提供了一种新的思考方向。

对极简合伙人模式落地的心得体会

1. 合伙人模式是从经营产品到经营资本的转换和升级，不是简单的商业模式升级，需要具备一定的条件，"天时、地利、人和"占其二才可以启动。

2. 合伙人模式是一场资本财富的盛宴，抛开资本市场的底层逻辑搞合伙人模式不成立，很难取得成功。

3. 股权众筹是投资行为不是合伙人模式，合伙人模式的本质是老板请客、合伙人干活、市场买单。

4. 合伙人模式失败的三个主要原因：①没有诚意（把合伙人模式当作"金手铐"用来绑定客户）；②一把手重视程度不够（做领导者而不是推动者）；③企业没有成长（这是最根本的问题，合伙人没有分到钱）。

5. 成功的合伙人都是自我驱动，靠平台驱动的合伙人成功率普遍不高，合伙人要"自驱动+平台驱动"，以自驱动为主，平台驱动为辅。

6. 合伙人模式落地遇到的共性最多的问题：合伙人达标率低，攻城略地开发容易、守城转换销量或销售额不易，前期整合、连接比较容易，后面的融合、持续发展不容易。

7. 合伙人模式不是万能的，任何模式都有其局限性，都有生命周期，合伙人模式的黄金期只有3—5年，只能解决攻城略地和阶段性高速增长的问题，合伙人模式和企业文化融为一体，两者优势叠加，才能可持续发展。

8. 太大的企业没有必要启动合伙人模式，太小的企业没有实力启动合伙人模式。

9. 股份只有在两种情况下才有价值，一是高利润、高分红，二是即将进入资本市场，临门一脚的时候。

10. 平台要给合伙人即期和预期的四大价值创造：利润增加＋资产增值＋持续分红＋财富变现。

11. 合伙人模式更适合高毛利的产品，产品生产成本可能不高，但启动合伙人模式后，市场开发成本和服务成本很高。

12. 内部没有合伙打天下的基因和土壤，单纯搞外部合伙人的公司，最终没有搞成的。

13. 攘外必先安内，内部合伙人模式更容易取得成功，内部合伙人有了参与感和归属感，才能带动更多的外部合伙人。

14. 要先把业务骨干纳入合伙人体系，对客户才有说服力，内部合伙人和外部合伙人结合，效果更能立竿见影。

15. 内部合伙人的选择要互补，外部合伙人的选择要自驱。

16. 要把握好经营资本和进入资本市场的度和时间节点，实现产品经营和资本经营的融合发展。

17. 长远来看，创始人占股太多的企业没有出路，没有未来。

18. 线上短视频，线下合伙人，短视频是企业提升品牌形象的最快速渠道，合伙人模式是企业商业模式升级的最佳杠杆，两者优势叠加，传播效果倍增。

19. 搞了合伙人模式但长期不赚钱、不分红的企业，基本上是名存实亡，行业口碑也会坏掉。

20. 在合伙人模式落地的过程中，要组织好针对合伙人的会议和培训，强化赛马机制，调整分红让利机制，能提高合伙人的参与感和融入度。

附件1：合资公司合伙人战略合作协议书模板

甲方：北京××科技有限公司　　营业执照号：

乙方：　　　　　　　　身份证号：

为了全面推动××事业发展，共同开发××××市场，乙方自愿加盟××事业体系，共同组建、经营北京××科技有限公司旗下的合资子公司，甲乙双方本着"共创、共享、共赢"的原则，经友好协商，达成如下战略合作协议。

一、战略合作期限

本战略合作协议书的有效期为三年，自甲乙双方签署本协议之日起算，合作时间为＿＿＿＿年＿＿＿月＿＿＿日至＿＿＿＿年＿＿＿月＿＿＿日。

二、战略合作方式

甲乙双方共同出资注册成立合资企业，公司名称拟为：××××科技有限公司（以下简称"××公司"）。

三、战略合作目标

1. 把甲方××系列产品打造成为××××行业影响力品牌，三年时间成为××××行业知名品牌；

2. 三年战略合作期间，合资公司采购甲方产品总额不低于＿＿＿＿万元，其中＿＿＿＿年完成甲方产品采购额＿＿＿＿万元、利润＿＿＿＿万元，＿＿＿＿年完成甲方产品采购额＿＿＿＿万元、利润＿＿＿＿万元，＿＿＿＿年完成甲方产品采购额＿＿＿＿万元、利润＿＿＿＿万元。

四、合资公司股权分配

1. 合资公司注册资本金为＿＿＿＿万元（¥＿＿＿＿.00元）；

2. 合资的××公司股权占比：甲方占51%，乙方占49%，甲乙双方须在商定期限内将双方各自比例的原始股本金（甲方＿＿＿＿万元、乙方＿＿＿＿万元）注资打入合资公司注册后的对公账号；

3. 未经甲乙双方同意，合资公司原始注册资本金不得增加。

五、合资公司经营管理权限约定

甲方拥有合资公司经营管理等方面的一票否决权，包括但不局限于以下方面：

1. 合资公司部门经理及以上人员任命的审核权和薪酬标准的审核权；

2. 合资公司3000元以上费用支出的审批权；

3. 合资公司增资、对外投资、对外融资、贷款等财务与资本事务的审批权；

4. 合资公司的以上经营管理权限，必须经甲方同意方可生效，如果乙方没有取得甲方的同意单方面产生以上行为，视为乙方违约。

六、合资公司人员安排

1. 合资公司市场监督管理注册的法定代表人、执行董事由甲方委派人员担任，监事由乙方担任；

2. 合资公司总经理由乙方担任，负责合资公司的经营管理工作；

3. 合资公司财务部经理由甲方派员兼任或者甲方在当地招聘人员担任，负责合资公司的财务管理工作，可在合资公司正式启动后根据需要派出或者甲方在当地招聘；

4. 合资公司其他部门的岗位设置及人员安排和营销团队的组建等由合资公司总经理负责（岗位设置、人员招聘、团队建设、运营方案制订等）。

七、合资公司市场运营安排

1. 合资公司营销团队在甲方总部的指导下进行市场运作；

2. 合资公司独立核算，公开透明，每月5日前向甲方上报上月的财务报表（资产负债表、现金流量表、损益表、销售统计表等）；

3. 合资公司销售的所有产品，必须从甲方统一采购；

4. 合资公司产品的市场销售价格，必须按甲方统一的销售政策执行；

5. 合资公司进行独立核算，自主经营，合理管控，所有销售货款须统一打入合资公司的对公账号，经营利润计入合资公司；

6. 战略合作期间，根据市场需要，甲方可以委派相关人员协助合资公司进行市场开发指导、业务技能培训和市场服务等。

八、利润分配与激励机制

1. 合资公司每年进行一次利润分配，每年的利润在当年分配完毕，甲乙双方按公司股权占比享有相应的股东利润分红；

2. 为了激励合资公司的市场开发热情，第一次分配利润时，甲方可以额外拿出合资公司利润分配额的20%奖励给营销团队（根据乙方提出并经甲方核准的具体方案执行）；

3. 条件成熟时，乙方可以自愿参股北京××科技有限公司。

九、退出机制

1. 战略合作期满，如需继续合作，本协议书自动续期三年，甲乙双方无须重新签订战略合作协议书；

2. 如因经营不善导致合资公司出现半年以上亏损，经双方协商调整后再次出现三个月以上亏损，甲乙双方同意进行清算，合资公司须收回所欠外债、变卖合资公司全部资产，必要时可进行破产清算。

十、违约责任

1. 战略合作期间，如果甲方违约，甲方须赔偿乙方的相关经济损失；

2. 战略合作期间，如果乙方违约，乙方须赔偿甲方的相关经济损失。

十一、补充说明

乙方须在_____年_____月 日前，完成合资公司的工商注册，新的合资公司名称为：××××科技有限公司（拟名）。

十二、争议解决方式

因履行本协议书所发生的一切争议，由甲乙双方协商解决，协商不成的，提交甲方所在地人民法院诉讼解决。

十三、补充说明

1. 本协议书一式三份，甲乙双方各执一份，甲方存档一份，签字盖章后生效；

2. 本协议书的最终解释权归甲方所有。

甲方：北京××科技有限公司（公章）乙方：（签字并按手印）

代表人签字： 代表人签字：

签订日期：____年____月____日 签订日期：____年____月____日

签订地：_____省_____市

附件2：区域合伙人（经销商）战略合作协议书模板

甲方：北京××科技有限公司　　营业执照号：

乙方：　　　　　　身份证号：

为了实现合作共赢，乙方自愿加盟甲方战略合作体系，成为××公司××区域合伙人，甲乙双方本着"共创、共享、共赢"的原则，经友好协商，达成如下战略合作协议。

一、战略合作期限

本战略合作协议书的有效期为三年，自甲乙双方签署本协议之日起算，合作时间为_____年____月____日至_____年____月____日。

二、战略合作方式

1. 乙方成为甲方的战略合作伙伴、××区域合伙人，乙方门店升级成为甲方服务中心；

2. 甲乙双方共同推广甲方的_____品牌系列产品，甲方负责产品的研发、生产和服务，乙方负责产品的销售。

三、战略合作目标

乙方在本战略合作期间，在_____市场累计采购甲方产品不低于_____万元，平均每年不低于_____万元，平均每月采购额不低于_____万元。

四、甲方的权利和义务

（一）甲方的权利

1. 对乙方的市场开发工作进行指导和培训；

2. 对乙方进行分区管理、销售管理、市场管理、价格管理；

3. 对乙方直接管理的用户进行数据管理和技术、服务指导；

4. 无偿使用乙方的名称、肖像、案例等用于市场宣传推广。

（二）甲方的义务

1. 把乙方门店升级成为"××公司××服务中心"，统一进行挂牌和物料配送，统一指导门店经营；

2. 聘请乙方为"××公司××服务中心"总经理，同时颁发"聘书"；

3. 乙方成为××公司××区域合伙人，公司根据销量奖励乙方参股××公司的股权认购资格；

4. 安排乙方免费参加公司举办的营销技能培训课程。

五、乙方的权利和义务

（一）乙方的权利

1. 升级成为"××公司××服务中心"，享受区域合伙人内部结算价格（价格表另附），享受公司提供的挂牌和物料配送及经营指导；

2. 被聘任成为"××公司××服务中心"总经理，获得"聘书"；

3. 有资格成为××公司区域合伙人，具备一定条件，公司根据销售额按比例奖励乙方的股权认购资格，成为公司股东；

4. 免费参加公司举办的营销技能培训等课程。

（二）乙方的义务

1. 按甲方统一的供货价格采购××公司系列产品，并按照甲方制定的销售政策执行；

2. 应提前一周向甲方销售部门书面报送订货计划清单（包括品种、规格、数量等），甲方收到货款后及时安排发货；

3. 甲方产品只限在指定区域销售，不得跨区销售，如有违反，甲方有权进行相应的处罚，并可终止本协议书；

4. 乙方须积极维护××品牌形象。

六、运输及结算方式

1. 乙方订货实行先款后货，款到发货，甲方应提供发货凭证，如乙方要求，可在每月10日前与甲方就上月的货款进行对账，并签字确认；

2. 甲方通过第三方物流向乙方发货，乙方收货后，应检查货物的品种、规格、数量、包装等情况并签字确认，签字确认后视为本批货物品种、规格、数量等无误，视为对交货情况予以认可；

147

3.甲方不接受物流代收货款，乙方须将所有货款汇入甲方指定账户。

七、质量保证及退换

1.如乙方在销售过程中发现产品在保质期内有质量问题，应当第一时间通知甲方；

2.若因乙方保管不慎及其他非质量原因所产生的问题，甲方不予退换。

八、知识产权保护等保密条款

1.甲方的战略合作模式、注册商标、专利、公司名称、企业标志等知识产权和其他权利，均属甲方所有，非甲方书面授权许可，乙方不得擅自使用；

2.乙方无论以何种形式获得的包括本协议书内容、销售政策、产品信息等皆属甲方高度商业机密，仅限于乙方单独使用；

3.乙方应妥善保管本协议书，不得把协议书内容泄露给任何第三方或进行其他使用，如因此给甲方造成损失的，应予以赔偿并终止本协议书；

4.如发现第三方侵犯甲方知识产权，乙方应及时告知甲方并协助进行处理。

九、第一次订货说明

乙方须在本协议书签订_____日内交纳第一笔_____万元的预付货款并在_____年____月____日前提货完毕。

十、区域合伙人股权的获取

1.乙方完成战略合作期间3年的协议采购额（_____万元）并结清货款，具备参股资格，可以自愿认购公司_____%的股权；

2.区域合伙人交纳_____元的股金，签订《股权转让协议书》《股权代持协议书》，成为公司股东，享有公司股东权益。

十一、退出机制

1.乙方持有甲方股权后，3年内不许退出；

2.乙方持有甲方股权3年后，如果由于特殊原因不想继续持有甲方股权，可以向公司书面提出股权回购申请，回购价格由公司按照退出时的股权价格（原始成本＋升值部分）进行回购。

十二、违约责任

战略合作期间，乙方有下列情形之一的，甲方有权解除本协议书，并在相关地区重新发展战略合作伙伴：

1. 本协议书签订后30日内，甲方未收到乙方第一批货款的；

2. 乙方连续三个月未采购甲方产品或连续三个月不能达到协议书所定的采购额的；

3. 乙方濒临破产或财务状况严重恶化的；

4. 乙方违反诚信原则的行为给甲方造成重大经济损失或商誉损失的；

5. 乙方向第三方泄露甲方商业机密的。

十三、协议条款的变更或解除

1. 本协议书一经签订，即具备法律效力，甲乙双方应严格遵守本协议书，不得随意变更或解除。经双方协商，签署补充协议书后可以变更本协议书，补充协议书与本协议书具有同等的法律效力。

2. 甲方可以根据进行资本经营的规范需要，调整本战略合作协议书的内容和形式，但甲乙双方的责任和义务保持不变，届时以甲方和乙方重新签订的战略合作协议书为准。新的战略合作协议书签订后，本协议书自动作废。

十四、争议解决方式

因履行本协议书所发生的一切争议，由甲乙双方协商解决，协商不成的，提交甲方所在地人民法院诉讼解决。

十五、补充说明

1. 本协议书一式三份，甲乙双方各执一份，甲方存档一份，签字盖章后生效；

2. 本协议书的最终解释权归甲方所有。

甲方：北京××科技有限公司（公章）乙方：（签字并按手印）

代表人签字：   代表人签字：

签订日期：____年____月____日   签订日期：____年____月____日

签订地：_____省_____市

附件3：股权转让协议书模板

甲方：　　　　　　身份证号：
乙方：　　　　　　身份证号：

甲乙双方本着"共创、共享、共赢"的原则，经友好协商，就甲方向乙方转让股权事宜达成如下协议。

一、股权转让标的

北京××科技有限公司_____万股的股权，对应公司_____%的股本。

二、股权转让价格

每股转让价格为_____元，_____万股的转让价格为_____万元。

三、股权转让相关事项说明

1. 北京××科技有限公司总股本为_____万股，从产品经营到资本经营并进入资本市场是公司的重要发展目标；

2. 乙方获得甲方持有的_____万股的北京××科技有限公司股权，成为北京××科技有限公司股东，享有公司股东权益；

3. 乙方前期在北京××科技有限公司持有的股权由大股东_____代持，并和_____签订《股权代持协议书》；

4. 公司启动股份制改造后，乙方正式成为公司自然人注册股东，通过市场监督管理部门进行股东身份变更；

5. 股份转让款项须在_____年_____月_____日前汇到甲方指定的银行账号（户名：_____开户银行：_____账号：_____）。

四、股东权益保障

1. 完成股权转让手续后，乙方享有公司法赋予的股东权益；

2. 公司将全力以赴，从产品经营升级到资本经营，实现股东资产增值，并把进入资本市场作为未来重要的发展目标；

3. 公司将视经营情况，每年从年度经营利润中拿出 50% 以上的利润，对股东进行分红，股东将根据在公司的持股比例获得相应的分红。

五、争议解决方式

因履行本协议书所发生的一切争议，由甲乙双方协商解决，协商不成的，提交甲方所在地人民法院诉讼解决。

六、补充说明

1. 本协议书一式三份，甲乙双方各执一份，甲方存档一份，签字盖章后生效；

2. 本协议书的最终解释权归甲方所有。

甲方：北京××科技有限公司（公章）乙方：（签字并按手印）

代表人签字：　　　　　　　　　代表人签字：

签订日期：___年___月___日　　签订日期：___年___月___日

签订地：_____省_____市

附件4：股权代持协议书模板

甲方：　　　　　　　　　乙方：

身份证号：　　　　　　　身份证号：

甲乙双方本着平等互利的原则，经友好协商，就甲方委托乙方代为持股事宜达成如下协议。

一、委托内容

甲方自愿委托乙方作为自己对北京××科技有限公司股权（注册资本　　万元，代持比例为注册资本的____%，即____万元）的名义持有人，并代为行使相关股东权利，乙方愿意接受甲方的委托并代为行使该相关股东权利。

二、委托权限

甲方委托乙方代为行使的权利包括：由乙方以自己的名义将受托代持的股权作为在公司股东登记名册上具名、在市场监督管理机关予以登记，以及行使公司法与公司章程授予股东的其他权利。

三、甲方的权利与义务

1. 甲方作为代持股权的实际出资者，对公司享有实际的股东权利并有权获得所有的投资收益；

2. 乙方仅以自身名义代甲方持有该代持股权所形成的股东权益，而对该出资所形成的股东权益不享有任何收益权或处置权（包括但不限于股东权益的转让、质押、划转等处置行为）。

四、乙方的权利与义务

1. 未经甲方事先书面同意，乙方不得转委托第三方持有上述代持股权及其股东权益；

2. 作为北京××科技有限公司的名义股东，乙方承诺其所持有的股权受到本协议内容的限制，在未获得甲方书面授权的条件下，乙方不得对其所持有的代持股权及其所有收益进行转让、处分或设置任何形式的担保，也不得实施任何可能损害甲方利益的行为；

3. 乙方承诺将其未来所收到的因代持股权所产生的全部投资收益（包括现金股息、分红或其他收益），均全部转交给甲方，并承诺将在获得该相关收益后 3 日内将该收益划入甲方指定的银行账户。

五、委托持股费用

乙方受甲方之委托代持股权期间，不收取任何报酬。

六、委托持股期限

甲方委托乙方代持股权的期限自本协议生效之日开始，至甲方书面终止乙方代持本股权委托前终止。

七、争议的解决

凡因履行本协议所发生的争议，甲乙双方应友好协商解决。协商不成的，提交乙方所在地人民法院诉讼解决。

八、其他事项

1. 本协议自甲乙双方签字并交换身份证复印件后生效；

2. 本协议一式三份，甲乙双方各持一份，公司备案一份，均具有同等法律效力。

甲方（签字并按手印）：　　　　乙方（签字并按手印）：

签订日期：＿＿＿＿年＿＿月＿＿日　签订日期：＿＿＿＿年＿＿月＿＿日

签订地：＿＿＿＿省＿＿＿＿市

极简商业模式：商业模式越简单越好

第九章　极简商业模式方案的设计要点

设计极简商业模式方案时的重点需要放在"极简"上，比如，商业模式方案应该简洁明了，以确保所有相关人员都能够轻松理解和实施；商业模式要突出核心优势，更要明确商业模式的核心优势是什么，即企业的竞争优势所在；商业模式方案除了明确核心优势，还要明确企业的价值主张、收入来源、利润来源等。此外，商业模式方案需要考虑企业与其他企业、合作伙伴以及供应链的关系，在这部分是需要明确目标客户群体。最后就是选择渠道、运用关键资源等进行最适合企业发展的营销模式。

所以，设计极简商业模式方案时，需要考虑方案的简洁性、核心优势、价值主张、收入来源、成本结构、伙伴关系、客户细分、渠道选择、关键资源和关键活动等要点。

如何设计好极简商业模式方案

设计一份好的极简商业模式方案，要知道重点在于"极简"。比如，写一篇文章，洋洋洒洒2000字，最后发现发表文章的版面只能排版800字，这就需删减内容，只留下最重要的、最核心的文字。

商业模式主要包括盈利模式和营销模式，设计极简商业模式方案也是如此，我们先来看一下，一份好的极简商业模式方案对企业能起到什么作用？

1. 为企业提供清晰的商业目标和战略规划：一份好的商业模式方案可以帮助企业明确商业目标，并制定相应的战略规划。它可以整合企业的资源和能力，使企业能够聚焦于核心业务，并确定如何实现盈利和增长。

2. 让企业能够简化决策和执行过程：极简商业模式方案的核心在于简化和聚焦，它能够帮助企业集中精力解决关键问题，并更好地应对市场变化和竞争压力。这样一来，决策过程更加迅速高效，执行过程更加灵活敏捷。

3. 推动企业优化资源配置和利用：一份好的商业模式方案可以帮助企业了解自身的资源和能力，从而更好地配置和利用这些资源。它可以帮助企业找到最佳的盈利模式和营销模式，并将资源集中在核心业务上，提高资源利用率，进而提高企业的竞争力和盈利能力。

4. 促进企业内部的组织协同和沟通：一份好的商业模式方案可以为企业提供一个共同的框架和语言，促进组织内部的协同和沟通。它可以帮助员工理解企业的战略和目标，并明确各自的角色和责任，从而增强团队的凝聚力和合作效率。

5. 提高企业的市场竞争力：通过优化资源配置和利用，精确定位市场需求，并制定相应的商业模式，企业可以提高自身的市场竞争力。一份好的商业模式方案可以帮助企业找到差异化竞争的优势，并打造核心竞争能力，从而在市场竞争中取得领先地位。

所以，极简商业模式方案不管怎么做，都要达到以上要求，这是企业发展对一份商业模式方案的硬性要求。为什么做商业模式方案？就是企业需要通过方案更好地推进、推动企业的发展。所以，要求提出来，在设计方案时，就应按照要求进行。

一份好的极简商业模式策划方案，还需要注意以下六点。

1. 精简核心业务：确定企业的核心业务，将其精简到最基础的环节，去除所有多余的步骤和流程。这样可以确保企业专注于核心竞争力，提高效率和竞争力。

2. 简化价值链：分析企业的价值链，找出其中不必要的环节和流程，并寻找合适的替代方案。可以通过外包、合作或者技术创新来简化价值链。

3. 优化资源配置：合理配置资源是设计好极简商业模式的关键。企业需要深入分析资源的拥有和使用情况，优化资源的配置，尽量减少浪费和冗余。

4. 建立有效的合作关系：与合作伙伴建立稳定和互利的关系，可以有效降低企业的成本和风险。选择合适的合作伙伴，共同拓展市场和提升竞争力。

5. 引入技术创新：利用科技的力量简化商业模式。尝试引入新的技术和创新，提高企业的效率和竞争力，降低运营成本。

6. 持续创新和改进：不断寻求创新和改进的机会，使企业能够适应市场的变化和发展。及时调整商业模式，以应对新的市场需求和竞争。

综上所述，设计好极简商业模式需要从精简核心业务、简化价值链、优化资源配置、建立有效的合作关系、引入技术创新以及持续创新和改进等方面进行考虑和实践。同时，需要根据企业的实际情况和市场需求进行具体的调整和优化。

极简商业模式方案的内容构成

想要设计好一份极简商业模式方案，就要清楚方案内容构成元素，极简商业模式方案的内容构成通常包括以下七方面。

1. 价值主张：明确产品或服务所提供的核心价值，解决客户的需求或问题。例如，Uber 的价值主张是提供便捷快速的打车服务，Airbnb 的价值主张是提供独特的住宿体验。所以，在写方案的时候，一定要明确企业的价值主张。

我们会发现一些价值主张明确的企业很容易找到自己相对应的用户群体，比如，社区里面的托管班，价值主张是什么？或者换一个问法，社区托管班的产品和服务提供的核心价值是什么？毫无疑问是解决双职工家庭孩子放学时间没有家长接送的难题。所以，当你要开一个社区托管班的时候，要把自己的价值主张直接写入方案。当你的价值主张非常明确时，对企业所面对的用户群体、客户群体就了然于心了。

2. 客户细分：细化目标客户群体，了解他们的特征、需求和消费习惯。我们刚才举例托管班，明确价值主张，就知道自己的客户群体了。比如，Nike 这个运动品牌，将其目标客户细分为运动爱好者、健身人群和专业运动员等。

但是，客户细分这一条不能说自己做到心里有数，而是要写在方案里。因为，这也是方案的一个重要元素。比如，你要知道学校每天中午、下午的放学时间，一般来说中午放学时间也是分低年级、高年级两个时间段，比如，低年级（一二年级）上午只有三节课，十一时的时候就放学了；高年级（三年级到六年级）上午是四节课，所以十二时才能放学。那么，你的细分客户是哪一部分的学生？这一点必须落实到你的方案上。

3. 渠道：确定产品或服务的销售和分发渠道。例如，Apple 通过自己的零售店和在线商城销售产品，同时也与电信运营商合作销售 iPhone。对于开一个托管班，渠道简单，就是面对辖区内的学校，但是如果你开的是提供其他服务的公司，一定要把渠道设计好、规划好，产品或者服务的销售和分发渠道，直接影响了你的销售额。

公司的产品和服务到底想要通过怎样的渠道销售出去，这一点直接决定了公司的前途和"钱"途。不是没有见过一些公司，因为对产品、服务的销售渠道没有一个正确的规划，没有一个完整的链条，导致没有找到适合自己公司产品、服务的销售渠道。渠道这一环的缺失，影响的是整个公司发展链条，说简单点就是产品卖不出去，公司就很难迈出发展的第一步。

4. 业务模式：确定如何盈利和实现可持续发展。例如，Amazon 的业务模式基于在线销售和物流配送，通过销售产品和提供服务赚取利润。那么，你所创立的公司是一个怎样的业务模式呢？有人或许认为，渠道我都找好了，销售渠道、分销渠道，那还要什么业务模式，直接让业务员按照设计好的销售渠道进行销售就可以了。

的确，渠道是关键，我们已经找到。但是，你有没有想过如果一个企业没有明确的业务模式，很容易形成"一锤子买卖"。业务模式是确定公司在发展过程中如何盈利，以及实现公司可持续发展的必要模式。

5. 关键合作伙伴：确定与其他企业或组织合作的关键伙伴关系，以实现互利共赢。如果你的企业需要合作伙伴，这一点也是要写进方案的。例如，Starbucks 与咖啡豆供应商建立长期合作伙伴关系，确保咖啡豆的质量和稳定供应。或者你做的产品是原产地品牌，那么就需要把原产地产品供应商写进你的方案中。合作伙伴不一定是某一个人，也可能是某一款原材料或者是某一个产品等。

6. 资源：确定所需的关键资源，包括人力资源、物质资源和财务资源等。这一点是你需要的资源，写进你的方案比较容易吸引志同道合或者拥有资源的合作伙伴。例如，Facebook 需要大量的服务器和数据中心来支持其庞大的用户群。我们或许只是一家中小微企业，那么需要的资源不是庞大的数据处理，而只是一个优秀的人才管理师或者是一款非常简洁好用的财务管理软件。把自己的需要写进方案，有利于得到你想要的资源。

7. 成本结构：明确企业经营所需的成本，包括固定成本和可变成本。例如，Netflix 的成本结构主要包括购买版权、内容制作和服务器维护等。那么对你来说，成本结构是什么？写在方案里，不仅能够让自己了然于心，对固定成本和可变成本做一个最好的优化。而且，方案交给合作方、投资方时，对方也能够对你的成本结构一目了然，他们会根据你的成本结构去衡量对你的投资。

我们来看一下，从价值主张、客户细分、渠道、业务模式、关键合作伙伴、资源、成本结构七个方面入手，也仅仅是极简商业模式方案中的一些常见内容。在你创立公司之后，极简商业模式方案还是需要根据你所创立公司的需求撰写，也就是说，在方案中体现的永远是具体问题具体分析，以及在具体需求中可能会有更多的细节和特定要素。

极简商业模式方案的设计流程

一般说到流程，那肯定要一步一步来，极简商业模式方案的设计流程是按照极简商业模式方案的内容构成进行。也就是说，上一节，我们所列举出来的极简商业模式方案的内容需要与流程一一对应。每一个构成方案的内容，都对应着一步流程设计。

我们来看一幅商业模式画布：

极简商业模式：商业模式越简单越好

合作伙伴KP 谁可以帮我：使商业模式有效运转所建立的合作伙伴	关键活动KA 我要做什么：商业模式落地需要做的最重要的几件事	价值主张VP 我怎样帮助他人：对客户的价值定位以及对产品和服务的概述	客户关系CR 怎样和对方打交道：公司与其客户群体之间所建立的联系	客户细分CS 我能帮助谁：公司想要的能为其提供价值的客户
	核心资源KR 我拥有什么：商业模式有效运转必需的最重要的资源		渠道通路CH 怎样宣传自己和交付服务：与客户沟通联系的渠道	

成本结构CS 我要付出什么：运营此商业模式所引发的所有成本	收入来源RS 我能得到什么：公司创建收入的主要途径

图9-1 商业画布

画布上的内容其实就是商业模式方案要阐述清楚的各个要点，而极简商业模式方案的设计流程应该是根据上图中的画布分步骤进行的。

第一步，确定核心价值。首先要确定商业模式的核心价值是什么，即产品或服务所能提供给客户的最重要的益处。例如，一个在线教育平台的核心价值可能是提供高质量的教育资源，帮助学生提升学习成绩。

第二步，确认目标客户群体。确定商业模式所面向的目标客户是谁。可以通过市场调研、市场分析等方式来确定目标客户群体的特征和需求。例如，对于在线教育平台，目标客户可能是学生、家长和教育机构。

第三步，识别关键合作伙伴。确定商业模式中需要与哪些关键合作伙伴进行合作。关键合作伙伴可以包括供应商、分销渠道、合作伙伴等。例如，在线教育平台可能需要与教师合作，提供优质的教学课程。这一步将设计内容时的渠道以及业务方式直接纳入，将3个内容合并为一个步骤。

第四步，设计收入模式。确定商业模式的收入来源。收入模式可以包括产品销售、订阅收费、广告收入等。例如，在线教育平台可以通过学生付费购买课程或订阅服务来获取收入。

第五步，确定关键资源和活动。确定商业模式所需的关键资源和活动。关键资源可以包括人力资源、技术设备等，关键活动可以包括产品开发、市场推广等。例如，在线教育平台可能需要优秀的教师资源和先进的教学技术。

第六步，确定成本结构。确定商业模式的成本结构，即商业模式所需的各项成本。成本可以包括人力成本、技术成本、运营成本、服务成本等。例如，在线教育平台可能需要投入大量的人力和技术成本来开发和维护平台。

第七步，验证和优化商业模式。最后，通过市场测试和用户反馈，验证商业模式的可行性和有效性，并进行调整和优化。例如，通过用户调研和数据分析来了解用户对在线教育平台的需求和反馈，进而进行产品迭代和改进。

总体来说，设计极简商业模式方案的流程包括确定核心价值、确认目标客户群体、识别关键合作伙伴、设计收入模式、确定关键资源和活动、确定成本结构以及验证和优化商业模式等步骤，通过不断迭代和优化，使商业模式能够实现最小化但最大限度地满足客户需求，从而实现商业成功。

| 极简商业模式：商业模式越简单越好

极简商业模式方案的设计技巧

我们似乎一直在找捷径，比如，在设计极简商业模式方案的时候，希望能够通过技巧来更快、更好、更完善地将方案设计出来。我们可以通过以下技巧来完成方案设计。

1. 突出核心价值：将商业模式的关注点放在核心价值上，这是一个成功商业模式的必要条件。要明确公司的核心竞争力和最终产品或服务对客户的价值，并以此为基础构建商业模式。

2. 简洁明了：极简商业模式应该尽可能简洁明了，这样才能更好地传达价值和使人印象深刻。不要让模式过于复杂或难以理解，否则可能会让潜在客户失去兴趣或不信任公司。

3. 集中精力：极简商业模式需要集中精力在关键要素上，如客户、产品、销售渠道和盈利模式、营销模式等。需要决定哪些要素是最必要的，以便在草图阶段即可构建初步的模型。

4. 多元化思考：虽然极简商业模式需要简单，但并不是说可以忽视其他变量。要思考其他因素，例如，市场环境、竞争对手和潜在的未来机会与挑战，以及供应链、合作伙伴和营销、宣传等方面的决策。

5. 不断迭代：极简商业模式需要不断迭代和完善。需要在不断的实现和反馈中学习，并根据所获得的经验和意见进行调整。可以通过小规模实验来测试经验、销售渠道和盈利模式，从而优化、改进商业模式。

6. 利用数字化工具：使用数字化工具来协助极简商业模式的构建和管理，如商业模式画布、投资分析软件等。这些工具可以帮助理解和分析模型中的各要素，使得快速修改商业模式更为方便。

极简商业模式方案是指精简、简洁而又高效的商业模式策划方案。在写方案之前，还可以运用一些调研技巧、数据分析等方式，为方案设计进行背书。

比如，根据你对企业的定位，提前进行市场研究，在设计商业模式方案前需要先研究市场，了解市场的需求、竞争情况、消费者偏好等因素，从而能够更好地设计出适合市场的商业模式。

接下来，可以依据你对企业产品或服务特点的了解进行目标定位，在确定商业模式方案前需要明确目标，即所要解决的问题或需求，如提高销售额、用户增长等，这些目标会直接影响商业模式方案的设计。

设计方案也可以运用到创新思维，商业模式方案的设计需要具备创新思维，不断创新、尝试新的商业模式，从而能够持续吸引用户和满足市场需求。

此外，我们虽然谈的是"极简商业模式方案"，但是方案不一定都是一成不变的，你要学会根据自己企业的实际情况灵活运用。商业模式方案的设计需要具备灵活性，随时根据市场变化、用户需求等因素进行调整，保持灵活应变，不断创新。

最后，就是在制订方案前，还是要进行分析数据。商业模式方案的设计需要借助数据分析来了解用户使用习惯、消费行为和市场变化等因素，从而能够更好地设计出符合市场需求的商业模式。

所以，我们发现，在制订方案之前你需要做的功课很多，当功课都做好了，实际上你已经掌握了设计方案的技巧。下面以食品外卖平台为例，阐述极简商业模式方案的设计技巧。

1. 精确定位目标用户群体，通过分析市场需求和竞争格局，确定目标用户群体。例如，在大学校园内开展餐饮外卖服务，目标用户群体可以是学生和教职工。

2. 有效解决用户痛点，分析目标用户的需求和痛点，并提供解决方案。在餐饮外卖平台案例中，可能存在的用户痛点包括传统外卖方式存在等待时间较长、餐饮种类有限、价格较高等问题。针对这些痛点，设计方案可以包括提供快速配送服务、丰富多样的食品选择和价格合理的优惠活动。

3. 简化运作流程，优化物流和配送流程，提高效率。例如，与附近的餐厅合作建立快速出餐通道，将订单审核和配送环节简化，尽量减少等待时间。采用智能化的配送系统，实时确定送餐路线，提高配送效率。

4. 精减运营团队和成本，根据平台规模和发展阶段，适当控制运营团队规模，减少不必要的成本支出。例如，利用信息技术和自动化系统减少人工操作和管理成本，同时减少办公空间和人员规模。

5. 建立强大的品牌形象，通过相关的市场推广活动和用户口碑，建立起强大的品牌形象。例如，通过精准的线上线下宣传推广活动和合作伙伴推广，增强用户对品牌的认知度和好感度，提升品牌影响力。

所以，极简商业模式方案的设计技巧包括精确定位目标用户群体、有效解决用户痛点、简化运作流程、精减运营团队和成本以及建立强大的品牌形象。这些技巧可以帮助企业设计出简洁高效的商业模式，提升竞争力，满足用户需求。

极简商业模式方案模板

先来看一幅商业模式方案的思维导图。

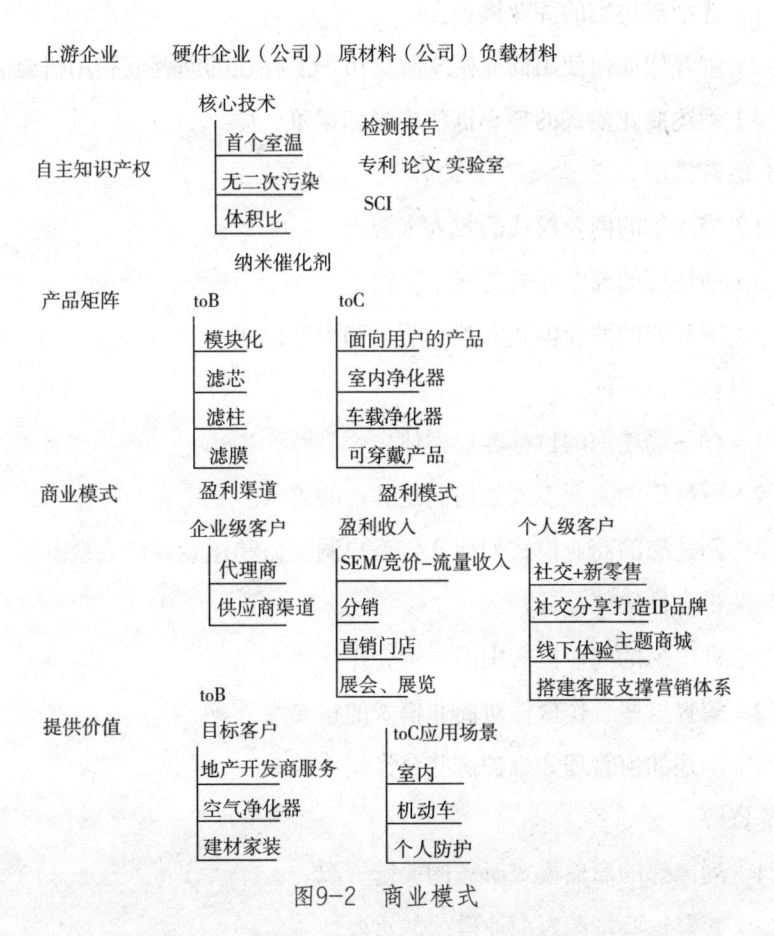

第二部分　极简商业模式方案的设计

商业模式

```
上游企业      硬件企业（公司） 原材料（公司）负载材料

              核心技术
              ┌ 首个室温          检测报告
自主知识产权  ├ 无二次污染        专利 论文 实验室
              └ 体积比            SCI

              纳米催化剂

产品矩阵      toB              toC
              ┌ 模块化          ┌ 面向用户的产品
              ├ 滤芯            ├ 室内净化器
              ├ 滤柱            ├ 车载净化器
              └ 滤膜            └ 可穿戴产品

商业模式      盈利渠道          盈利模式
              企业级客户        盈利收入          个人级客户
              ┌ 代理商          ┌ SEM/竞价-流量收入 ┌ 社交+新零售
              └ 供应商渠道      ├ 分销              ├ 社交分享打造IP品牌
                                ├ 直销门店          ├ 线下体验 主题商城
                                └ 展会、展览        └ 搭建客服支撑营销体系

提供价值      toB
              ┌ 目标客户        ┌ toC应用场景
              ├ 地产开发商服务  ├ 室内
              ├ 空气净化器      ├ 机动车
              └ 建材家装        └ 个人防护
```

图9-2　商业模式

以上是商业模式，但是这一节强调的是极简商业模式，所以，在设计极简商业模式方案的时候，不必像图9-2一样烦琐复杂。在极简商业模式方案中，只需要将以下内容展现出来。

1. 问题陈述

（1）描述当前市场中存在的问题或机会。

（2）解释这些问题或机会对利益相关方的影响。

（3）阐述为什么您的商业模式可以解决这些问题或利用这些机会。

2. 解决方案

（1）详细描述您的商业模式。

（2）解释您如何使用商业模式解决市场上存在的问题或利用机会。

（3）阐述商业模式的核心价值主张和竞争优势。

3. 经营模型

（1）描述您的商业模式的收入来源。

（2）描述您的商业模式的成本结构。

（3）解释您的商业模式的盈利能力和盈利模式。

4. 目标客户群体

（1）详细描述您的目标客户群体。

（2）解释您的商业模式如何满足客户的需求。

（3）阐述您的商业模式如何产生客户洞察力和建立客户关系。

5. 关键合作伙伴

（1）列出您的商业模式中的关键合作伙伴。

（2）解释这些合作伙伴对商业模式的重要性。

（3）阐述如何管理和维护这些合作伙伴关系。

6. 资源

（1）列出您的商业模式所需的关键资源。

（2）解释这些资源对商业模式的重要性。

（3）阐述如何获取、配置和管理这些资源。

7. 关键活动

（1）列出您的商业模式的关键活动。

（2）解释这些活动对商业模式的重要性。

（3）阐述如何有效地执行和管理这些活动。

8. 管理团队

（1）描述您的商业模式的关键管理团队。

（2）解释他们的角色和职责。

（3）阐述他们的能力和经验如何支持商业模式的成功。

9. 风险和风险管理

（1）列出您的商业模式面临的主要风险。

（2）解释这些风险对商业模式的影响。

（3）阐述您的商业模式的风险管理措施。

10. 里程碑和计划

（1）定义达到商业模式目标的里程碑。

（2）列出实现这些里程碑所需的详细计划。

（3）阐述实施计划的时间表和资源需求。

以上十点是一个极简商业模式方案需要呈现出来的内容，但这也并非一个固定的、严格意义上的模板，因为每家企业各有特点，可以根据实际情况进行调整和修改。

附件1：产品类极简商业模式策划方案模板

1. 摘要

本策划方案旨在为新产品的推出构建一个简洁、高效的商业模式。通过市场分析、用户需求、产品定位、核心价值、营销策略、运营策略、财务预测、风险评估、实施计划等方面的全面考虑，我们将提供一个全面、实用的商业模式策划模板，帮助您快速推出并成功运营新产品。

2. 市场分析

在市场分析部分，您需要对目标市场进行深入的研究，包括市场规模、增长趋势、竞争格局、消费者行为等方面的信息。通过对市场环境的全面了解，为产品的定位和营销策略提供有力的依据。

3. 用户需求

用户需求部分主要关注消费者对产品的期望和需求。通过收集和分析用户反馈、进行调研等活动，了解用户对产品的需求和痛点，为产品的设计和功能提供指导。

4. 产品定位

在产品定位部分，您需要明确产品的目标市场、核心功能、竞争优势以及与其他产品的区别。通过精准的产品定位，确保产品能够满足目标市场的需求，并与其他产品形成差异化竞争。

5. 核心价值

核心价值部分主要阐述产品能够为用户带来的独特价值。您需要分析产品的功能、使用体验、品牌形象等方面，提炼出产品的核心价值，以吸引和留住用户。

6. 营销策略

营销策略部分包括产品定价、渠道选择、促销活动、合作伙伴等方面的策略。通过合理的定价和渠道策略，提高产品的市场覆盖率；通过促销活动和合作伙伴关系，增强产品的品牌知名度和影响力。

7. 运营策略

运营策略部分主要涉及产品的生产、物流、客户服务等方面的策略。在生产策略方面，您需要考虑产品的制造过程、质量控制等方面；在物流策略方面，您需要规划产品的配送网络、时效等方面；在客户服务策略方面，您需要建立完善的客户服务体系，提供及时、专业的服务支持。

8. 财务预测

财务预测部分包括对产品的成本、收入、利润等方面的预测。根据市场分析和营销策略，预测产品的销售收入和成本，并制定相应的预算。同时，通过对财务数据的监测和分析，及时调整产品和营销策略，确保企业的盈利能力。

9. 风险评估

风险评估部分主要分析产品面临的风险和挑战，如市场竞争、技术更新、政策变化等方面的风险。针对这些风险，您需要制定相应的应对措施和预案，降低风险对产品的影响。

10. 实施计划

实施计划部分详细阐述项目运营团队构成及产品的开发、推广、销售进度等具体计划。在此部分，您需要明确各阶段的时间表、责任人以及具体的执行方案，以确保产品能够按时推向市场并实现预期目标。

11. 结论

结论部分对整个策划方案进行总结并对实施后可能产生的效果做出预测，提炼出关键点并给出建议。通过本策划方案的全面考虑和分析，我们相信该产品将在市场上获得成功并为企业带来可观的收益。

附件2：具体产品类极简商业模式策划方案模板——环保智能垃圾分类器

1. 产品概述

该产品是一个智能垃圾分类器，旨在帮助居民更方便地进行垃圾分类。通过使用人工智能和传感器技术，垃圾分类器可以自动识别垃圾并进行分类。此外，该产品还具有教育和娱乐功能，以增强用户的垃圾分类意识。

2. 目标市场

该产品的目标市场是城市居民，特别是那些对环保和垃圾分类有需求的消费者。产品可以满足他们对垃圾分类的方便性和准确性的需求，同时也可以提高他们的环保意识。

3. 商业模式

盈利模式：通过销售产品获得收入。此外，还可以通过与当地政府、企业进行项目合作，提供垃圾分类处理服务，从而收取相应的费用。

销售模式：通过线上线下渠道，将产品直接销售给消费者。线上渠道包括公司官网、微信公众号、官方小程序、电商平台和社交媒体平台，线下渠道包括超市、便利店、环保产品专卖店和展会等。

合作模式：与垃圾处理公司、环保组织等合作，共同推广环保理念和产品。这些合作伙伴可以帮助我们扩大市场份额，提高品牌知名度。

4. 营销策略

宣传策略：通过社交媒体、广告、公关活动等方式宣传产品。与知名环保人士合作，共同推广环保理念和产品。

教育策略：通过产品内置的教育功能，帮助用户了解垃圾分类知识和环保意识。此外，可以与学校、社区等合作，开展垃圾分类教育活动，提高公众对垃圾分类的认知。

激励策略：通过积分、奖励等方式，鼓励用户使用产品进行垃圾分类。同时，可以与当地政府合作，将用户的垃圾分类数据纳入当地环保考核体系，以激励更多人参与垃圾分类。

5. 运营策略

技术支持：投入研发力量，不断优化产品的人工智能算法和传感器技术，提高产品的准确性和稳定性。

售后服务：建立完善的售后服务体系，包括电话支持、在线客服和上门维修等，确保用户在使用过程中遇到的问题得到及时解决。

数据收集与分析：通过收集用户使用数据和反馈意见，分析产品的优缺点，以便进一步优化产品和提高服务质量。

持续创新：根据市场需求和技术发展趋势，不断推出新功能和新产品，以满足用户不断变化的需求。

社区建设：建立一个线上社区平台，让用户可以分享使用经验、交流心得，同时也可以为公司提供更多的反馈意见和建议。

6. 财务预测

预计在产品推广的前两年，由于研发成本和市场推广的投入，公司可能会出现一定的亏损。但随着产品知名度的提高和市场份额的扩大，预计在第三年开始实现盈利。预计五年内，产品的年销售额可以达到一亿元人民币，净利润率达到30%。

7. 风险评估与对策

技术风险：人工智能和传感器技术的不成熟可能会影响产品的性能和使用体验。对策：加强技术研发，与高校和研究机构合作，引进先进技术。

市场风险：竞争对手的进入可能会影响市场份额和盈利能力。对策：不断优化产品和服务，提高用户体验和市场竞争力。同时密切关注市场动态，及时调整战略。

法律风险：相关法律法规的变动可能会对公司的经营产生影响。对策：与政府部门保持良好沟通，了解相关法律法规的变化并遵守执行。同时积极应对可能的法律纠纷。

附件3：具体产品类极简商业模式策划方案模板——无人机

1. 目标与定位

目标：建立一个全面、创新且可持续的无人机产品商业模式，实现公司盈利和业务增长。

目标市场：无人机市场主要面向消费者和企业客户。消费者市场包括摄影爱好者、航模爱好者等，企业市场主要包括农业、建筑、安全监控等行业。

定位：以无人机硬件销售和数据服务为主要收入来源，针对企业、政府和个人用户提供定制化解决方案，同时开展租赁、维护和培训等增值服务。

极简商业模式： 商业模式越简单越好

针对消费者市场，推出功能强大、易操作的消费级无人机产品，如拍摄高清影像的无人机、航拍自拍功能的无人机等；针对企业市场，根据行业需求推出专业的农业植保无人机、建筑测绘无人机等。

2.策略与实施

产品策略：

（1）研发与设计：注重产品创新，提高产品质量与用户体验，降低成本，打造具有竞争力的无人机产品线。

（2）产品线扩展：根据市场需求，逐步扩展产品线，包括不同类型、尺寸和功能的无人机，以满足不同用户需求。

定价策略：

（1）硬件销售：根据产品成本、品质和市场需求，制定合理的销售价格，确保利润空间。

（2）数据服务：根据数据类型、处理难度和用户需求，提供定制化定价方案，以实现数据价值最大化。

渠道策略：

（1）线上销售：利用电商平台和公司官网、微信公众号、官方小程序等进行无人机产品销售，降低渠道成本，扩大覆盖范围。

（2）线下合作：与经销商、系统集成商等合作，共同开拓市场，提供更便捷的购买与服务渠道。

市场推广策略：

（1）目标市场细分：针对不同目标市场，如企业、政府、个人等，制订针对性推广方案。

（2）品牌建设：通过广告、公关活动、社交媒体等手段提升品牌知名度与美誉度。

（3）合作伙伴关系建设：与相关企业建立战略合作关系，共同开拓市场，提高竞争力。

增值服务策略：

（1）租赁服务：提供无人机租赁服务，满足用户短期使用需求，提高设备利用率。

（2）维护与培训：提供专业无人机维护保养服务，以及操作培训课程，提高用户满意度和忠诚度。

3. 运营与保障

生产与供应链管理：优化生产流程，降低生产成本，确保产品质量与交货周期。建立稳定的供应链合作关系，保障零部件供应与成本控制。

人力资源管理：培养专业团队，提高员工技能水平与工作效率。设立激励机制，鼓励创新与团队合作。

质量管理：建立完善的质量管理体系，确保产品符合相关标准与法规要求。加强质量监督与反馈，提高客户满意度。

风险管理：识别潜在风险，制定应对措施。加强知识产权保护，防范侵权行为。关注政策法规变化，确保合规经营。

技术创新：投入研发资源，持续关注前沿技术动态，提升公司在无人机领域的核心竞争力。鼓励内部创新与技术合作，推动产品不断升级迭代。

客户关系管理：建立完善的客户档案与数据库，了解客户需求与反馈。提供个性化服务方案，提高客户满意度和忠诚度。加强与客户的沟通与互动，及时解决客户问题与投诉。

财务管理：制订合理的财务预算与资金计划，确保公司资金流动性与营利性。关注成本控制与税务筹划，提高公司盈利能力。定期进行财务审计与风险评估，确保公司财务安全与合规性。

第三部分
模式越简单效用越强大

第十章　少即是多的商业实践案例

少即是多的商业实践指的是在商业运营过程中，通过降低成本、提高效率、简化流程等方式，实现更高的效益和更好的竞争力。具体来说，少即是多的商业实践包括以下几点。

精简产品线，集中精力发展核心产品或服务，而不是过度分散资源投入；精简组织架构，减少冗余岗位，优化人员配置，避免人力资源的浪费；精简流程和流程标准化，简化业务流程，减少不必要的环节和手续，提高工作效率；提高技术应用，积极采用信息技术和自动化设备，提高工作效率和生产效能；优化供应链管理，与供应商和合作伙伴密切合作，实现供应链的整合和优化；强化品牌建设和市场营销，通过精细化品牌管理和强化市场营销模式，提高产品或服务的竞争力和知名度。

总之，少即是多的商业实践强调通过降低成本、提高效率和优化资源配置，实现经营效益的最大化和竞争力的提升。这种实践可以让企业在激烈的市场竞争中更具优势，并能更好地适应市场变化和客户需求。

单人商业模式正在崛起

单人商业模式指一个人独立运营的商业模式。这种模式通常用于个人创业者或自由职业者。这种模式最大的好处是灵活度高，可以根据自己的兴趣和能力来选择经营项目，并且不需要与他人协商或分享利润。

单人商业模式正在崛起，并且成为越来越多创业者的选择。这种商业模式是一种在没有合伙人或员工的情况下运营的商业模式，由个人独自负责所有业务活动。

不过，单人商业模式只适用于一些小规模、低投入的商业项目，如单一产品营销公司、网店、个人讲师、自由撰稿人等，主要依靠个人的技能、创意和人格魅力来吸引客户和创造收入。此外，这种模式还适用于需要创意、创新、敏捷和低成本的创业者。

其实，单人商业模式也有其限制性，如难以扩张、限制创意输出、难以竞争等。因此，这种模式最终还要取决于创业者个人的能力、机敏和意志力。

接下来，我们就一起看看单人商业模式的出现和发展可以归因于以下三个因素。

1. 技术发展：随着互联网技术的不断发展，个人可以利用各种在线平台和工具来创建和运营自己的业务。这包括电子商务平台、社交媒体、在线支付系统等。这些技术使得个人能够通过自己的努力和创意来建立自己的品牌和客户群。

2. 灵活性和自由度：单人商业模式给予创业者更大的灵活性和自由度。他们可以根据自己的兴趣和技能选择他们喜欢的行业和领域，并决定自己的经营策略和工作时间。这使得个人能够更好地平衡工作和生活，并根据自己的需求进行调整。

3. 低成本和风险：相对于传统的创业模式，单人商业模式通常具有较低的启动成本和风险。由于没有合伙人或员工，个人可以减少一些固定费用和人员开支；此外，还可以根据市场反应快速调整业务方向，降低失败的风险。

在当下的市场竞争中，单人商业模式也开始面临一些挑战。例如，个人可能需要更加努力地处理各个方面的业务，并承担更大的压力和责任。同时，他们可能会面临到达增长瓶颈和扩展困难的问题。

总的来说，单人商业模式正在崛起，并且受到越来越多的创业者的青

极简商业模式：商业模式越简单越好

睐。它提供了更大的灵活性、自由度和低成本、低风险，并且由于技术的发展，个人能够更好地与客户联系，并创造出独特而有竞争力的业务。

我们举个例子，徐老师是一名网络营销专家，他在自己的自媒体平台上发布关于数字营销和社交媒体营销的内容，同时出售自己编写的电子书和视频课程，以及提供一对一的咨询服务。他的主要客户是小型企业和创业公司，他们需要帮助建立其在线品牌和数字营销战略。这种商业模式的优点是它具有灵活性和低投资风险，因为它不需要太多的人力资源或物理空间。同时，徐老师一直通过自己的品牌形象和声誉来吸引客户和增加收入。

除了营销专家之外，个人咨询师也是单人商业模式的特例。个人咨询师是一个独立从事咨询服务的专业人士，他们通过自己的专业知识和经验，为客户提供个性化的咨询服务。这些服务包括管理咨询、营销咨询、人力资源咨询、财务咨询等。

个人咨询师的商业模式是基于其专业和技能来为客户提供解决方案。他们可以通过以下方式来赚取收益：

1. 服务费用：个人咨询师可以根据提供的咨询服务来收取服务费用。这些费用通常根据项目的规模和复杂程度进行计费，可以是固定的小时费用或项目费用。

2. 咨询产品：个人咨询师可以开发和销售自己的咨询产品，如培训课程、工具包、电子书等。这些产品可以帮助客户更好地实施咨询建议，并提高其绩效。

3. 代言和合作：个人咨询师可以与相关行业的企业进行合作，代言其产品或服务，从中获得收益。这可以是与软件供应商、培训机构等的合作。

4. 咨询平台：个人咨询师可以创建自己的咨询平台，提供在线咨询服务。通过建立自己的品牌和网络推广，他们可以吸引更多的客户，并从中获得广告收入或佣金。

个人咨询师的成功关键在于建立自己的专业声誉和网络影响力。他们需要不断提升自己的专业知识和技能，并与客户建立长期合作关系，以获取口碑宣传和业务推荐。此外，有效的市场营销和网络推广策略也是提高个人咨询师收入的重要因素。通过这些努力，个人咨询师可以创造一个成功的单人商业模式，并实现个人事业成长和经济上的成功。

不得不说，当代经济多样化模式带给了我们更多选择和更多途径，包括直播平台、短视频平台，涌现出了一批又一批的网红、大咖，他们每个人基本上都是在运用单人商业模式营销自己，从而实现了个人价值，成为普通人眼中的优秀经营者。

以科技美学带来的极简模式

科技美学带来的极简模式是一种以简约、精致、高效为特点的设计风格，通过科技的力量将冗杂复杂的功能和内容进行筛选和精简，使用户在使用科技产品时能够专注于核心功能，减少不必要的干扰和复杂性。科技美学的极简模式体现了"less is more"的设计理念，追求极致的用户体验和使用便捷性。

在科技美学的极简模式下，科技产品的界面设计更加简洁清晰，元素和功能被精简到最基本的核心，以提供更高效的操作和使用体验。例如，手机、电脑等智能设备的界面通常以简洁的颜色、排版和图标风格呈现，消除了过多的视觉噪声，让用户可以更快速地找到和使用所需的功能。

科技美学的极简模式还体现在科技产品的功能设计上。科技产品尽可能去除冗余的功能，将用户真正需要的功能进行提取和优化，从而提供更加纯粹和高效的使用体验。例如，一些应用程序提供了极简的工具和功能，避免了过多的菜单和选项，使用户能够更快速地完成任务。

此外，科技美学的极简模式还注重用户界面的交互方式。用户交互方式的简化使得用户在使用科技产品时能够更加自然和直观地操作，减少了学习成本和使用难度。例如，智能手机的触摸屏设计使用户可以使用手指直接进行操作，而不需要使用外部输入设备，提高了使用的便捷性。

| **极简商业模式**：商业模式越简单越好

  总的来说，科技美学带来的极简模式通过精简设计和优化功能，使科技产品更加简洁、高效和易用，提高了用户的使用体验和满意度。

  科技美学与极简密不可分，精简的设计和优化的功能，简洁高效的模式赢得了用户的青睐。未来小微企业可以通过造型和审美重新定义一种产品，从而实现突破和进化的机会。以下是一些可能的途径和策略：

  1. 采用极简主义设计理念：极简主义设计追求简洁、纯粹和精确的形式，可以通过简化产品的外观和功能，创造出独特而有吸引力的设计。小微企业可以通过减少不必要的装饰和功能，将产品简化为最核心的元素，提升产品的美感和实用性。

  2. 融合科技和人文元素：在未来产品的设计中，小微企业可以尝试将科技和人文元素进行融合。例如，利用智能技术和人性化设计，让产品的操作和使用更加简单方便，同时注重产品的审美表达，使产品在功能性和艺术性上都能够得到满足。

  3. 引入可持续发展的理念：以可持续发展为导向的产品设计，已经成为未来趋势。小微企业可以以环保和可持续发展为核心价值，设计出具有独特美感和环保特点的产品。例如，使用可再生资源、降低产品废弃物的产生、提倡循环利用等方法，使产品具备可持续性，并在审美上展现与众不同的特点。

  4. 引入人性化的设计概念：未来产品设计可以更加注重用户的需求和体验，将人性化的设计理念融入其中。小微企业可以通过研究用户的行为和喜好，设计出更加符合用户需求的产品。例如，通过考虑用户对颜色、材质、形状、大小等因素的偏好，加强产品的个性化和定制化，从而达到突破和实现市场竞争力的目标。

  通过以上的方法和策略，小微企业可以用造型和审美重新定义产品，实现突破和发展的机会。在未来时代，消费者对产品的审美要求逐渐提高，小微企业可以利用这个机会创造出与众不同的产品，从而实现商业突破。

  让我们一起看看运用科技美学带来的极简模式具体案例。

智能手机已经成为我们生活中不可或缺的一部分。现代智能手机在设计上追求极简主义，尽可能减少边框宽度，提供全面屏体验。在界面设计上也注重简洁、直观，用户可以通过手势、按钮等互动方式快速完成操作，同时还支持个性化定制，让用户根据个人喜好选择自己所需的功能和应用，打造属于自己的精简界面。

基于云计算的办公软件。云计算技术使得办公软件不需要安装在每台电脑上，而是可以通过网页或移动应用进行访问和使用。这种方式不仅方便用户随时随地进行办公，也减少了软件安装和维护的烦琐过程，使办公环境更加简洁高效。

不再被耳机线困扰的无线蓝牙耳机。传统有线耳机的线缆容易缠绕，使用起来不够便捷。而无线蓝牙耳机通过蓝牙技术实现了无线连接，消除了线缆的束缚，让使用者更加自由。同时，无线蓝牙耳机还支持触控操作，例如，通过轻触控制音乐的暂停、播放等，使得耳机的使用更加简单。

现在被限行但却不得不感慨集科技与美学于一身的无人机。无人机在科技美学的指导下，实现了紧凑的设计和精简的操作。无人机的遥控器通常只有几个按钮，通过简单的操作就能实现飞行、拍摄等功能。同时，无人机也采用了折叠设计，可以方便地收纳和携带，提高了便携性和使用灵活性。

这些具体案例展示了科技美学带来的极简模式在各个领域的应用，通过减少冗余的设计和不必要的操作，使得用户体验更加简洁、高效。

小团队+AI：小团队也能干大事

在当今的科技发展中，人工智能（AI）扮演着越来越重要的角色。小团队也能借助AI的力量，实现惊人的成果。

在创业过程中，AI可以帮助小团队提高生产力。通过使用自动化和智能化技术，小团队可以将一些重复、烦琐的任务交给 AI 来完成，从而节省时间和精力。比如，使用 AI 来处理数据分析、处理邮件、编写代码等，可以将小团队从这些琐碎的工作中解放出来，集中精力在更具创造性和战略性的任务上。

在企业管理过程中，AI 可以帮助小团队改善决策。AI 算法可以分析大量的数据，并提供准确的预测和建议。小团队可以利用这些信息来做出更明智的决策，提高工作效率和质量。例如，利用 AI 进行市场调研，可以帮助小团队更好地了解目标用户的需求和行为，从而调整产品和营销策略。

在面对客户体验时，AI 还可以帮助小团队提供更好的用户体验。通过语音识别、自然语言处理等技术，小团队可以开发出智能助手或聊天机器人，为用户提供更便捷、个性化的服务。这种个性化的互动不仅可以提高用户满意度，还可以帮助小团队更好地了解用户需求，进一步改进产品。

此外，AI 还可以帮助小团队降低成本。传统上，一些复杂的任务可能需要大量的人力和资源来完成，但 AI 可以通过自动化和智能化的方式来解决这些问题，减少了对人力和资源的需求，从而降低了成本。这对于小团队来说，尤为重要，因为资源通常是有限的。

综上所述，小团队可以利用 AI 的力量，提高生产力、改善决策、提供更好的用户体验并降低成本。AI 为小团队开辟了新的可能性，使其也能在竞争激烈的市场中有所作为。

不仅仅是中小企业越来越青睐极简精干的小团队管理模式，就连大型企业，也开始裁员，将冗员裁掉，让团队更加精干。当一个企业的员工太多的时候，各个方面都会出现漏洞。所以，极简精干小团队在合适的市场、正确的战略和高效的运营下，能够做成领先企业。

在这里，也跟大家聊一聊打造具有更强凝聚力、更高的工作效率的小团队、极简精干团队，以下是打造极简精干团队的关键因素。

1.精心选取团队成员：小团队的每一个成员都需要具备出色的专业能力和才华，以确保高效的工作水平和创新的想法。每个成员应该在自己的领域内具备专精知识，同时也要有团队合作的精神。

2. 设置明确的目标和战略：小团队必须有清晰的目标和战略规划。他们需要了解市场需求，找到自己的竞争优势，并设定具体的目标和时间表。

3. 高效的沟通和协作：小团队的成员之间需要具备良好的沟通和协作能力，以便有效地整合和分享信息，共同解决问题。通过有效的团队合作，小团队可以充分发挥每个成员的优势，达到更好的工作效果。

4. 敏捷和创新思维：小团队应该具备快速应变和灵活性，适应市场变化和需求的变化。同时，他们还应该鼓励创新思维，不断寻求新的解决方案和商机。

5. 高效的资源利用：小团队通常拥有有限的资源，在使用资源方面要精打细算。他们可以通过外包、合作等方式来获取额外的资源，以弥补自身的不足。

6. 关注客户需求：小团队需要不断关注客户需求，并根据客户反馈进行调整和优化。通过提供出色的产品和服务，小团队可以获得客户的忠诚度和口碑推荐。

通过以上的措施，极简精干小团队可以充分发挥自身的优势，提供卓越的产品和服务，逐渐在市场上崭露头角，并逐步成为领先企业。我们来看一些"小团队干出大事业"的案例。

Spotify（音乐流媒体平台）：Spotify 是一个成功的案例，其初创团队仅由两个人组成。他们从创建一个包含所有音乐的平台的愿景出发，通过创新的技术和高明的市场策略迅速发展壮大。如今，Spotify 已成为全球最大的音乐流媒体平台，拥有超过 3000 名员工。

Instagram（社交媒体平台）：Instagram 最初由两位创始人共同开发，并最终在短短几年内成为全球领先的社交媒体平台之一。他们通过提供用户友好的界面和创新的功能，吸引了大量用户和投资者。Instagram 从 2012 年成立到 2018 年被 Facebook 收购期间，创始团队的规模一直很小。

WhatsApp（即时通信应用）：WhatsApp 最初由两位前雅虎员工创立，他们的团队规模非常小。然而，通过专注于提供简洁、安全、高效的即时通信体验，他们吸引了大量用户，并在短时间内成为全球最受欢迎的通信应用之一。WhatsApp 在过去几年内被 Facebook 收购，为创始团队带来了巨额回报。

这些案例表明，小团队如果有正确的愿景、创新的产品和市场策略，也可以在竞争激烈的市场中成为领先企业。关键在于专注于核心产品的发展，与用户需求保持紧密联系，并在市场中找到差异化的优势。

小团队服务全球模式

小团队服务全球模式指一个小规模的团队或组织通过互联网和现代通信技术，为全球范围内的客户提供服务的工作模式。

这种模式的实现依赖于互联网和现代通信技术的发展，使得团队成员可以随时随地进行沟通和协作。小团队可以由来自不同地理位置的成员组成，他们可以通过视频会议、即时通讯和电子邮件等工具进行远程沟通和协作。

小团队服务全球模式的好处是可以为客户提供更灵活、高效和便捷的服务。团队成员可以根据客户的需求和时区，在不同的时间和地点进行工作，提供 24 小时全天候的服务。这种模式还可以充分发挥团队成员的专长和优势，不受地理位置的限制，可以吸引和雇用全球范围内的人才。

然而，小团队服务全球模式也面临一些挑战。首先，团队成员之间的远程协作需要建立起高效的沟通和协作机制，以免出现信息传递和理解上的问题。其次，不同地区的法律法规、文化差异和语言障碍等问题也需要考虑和解决。

总的来说，小团队服务全球模式是一种适应现代通信技术发展的工作方式，可以为客户提供高质量的服务。然而，在实施过程中需要解决沟通协作和文化差异等问题，才能充分发挥其优势。

不过，能够在互联网上找到的小团队服务全球模式的案例还比较少，在这里举例一家国外的小团队。这是一家名为"Bright Solutions"（无中文译名）的小型软件开发团队，由三名开发人员组成，致力于为公司提供高质量的软件开发服务。他们的客户在全球各地，从北美到欧洲和亚洲等地。

为了服务全球客户，Bright Solutions 采用了以下几个策略。

1. 远程工作：Bright Solutions 的开发团队可以在任何地方工作，只要他们有足够的网络连接和设备。因此，他们的团队成员可以分别工作在美国、印度和欧洲。

2. 灵活的时区：Bright Solutions 确保全部成员都能在指定时间交流工作。团队成员的工作时间分别为早上、下午和晚上，以确保 24 小时服务，无论客户在哪个时区。

3. 沟通：Bright Solutions 利用各种沟通工具，包括 Slack、Zoom 和 Skype 等，确保团队成员之间的实时沟通和协作。同时，他们还建立了一套流畅的工作流程序和文件共享系统，以确保任务的顺利进行。

通过以上策略，Bright Solutions 能够高效、专业地为全球客户提供服务。此外，他们还积极开展营销活动，在社交媒体平台发布文章、参加展会等，以吸引更多的客户和展示公司的能力。这些营销活动不仅能吸引新客户，更可为现有客户提供参考和信任。

这一章主要就是讲的"小而美"企业在市场竞争中拥有不可忽略的优势，从单人商业模式到极简科技美学，再到极简精干小团队，实际上围绕的就是"极简"以及"小而美"的特点。由此可见，现在商业包容性更强，并且因为数字化、数据化、人工智能化的快速发展，在各个商业领域中，市场给了我们每个人更大的发展空间。

极简商业模式：商业模式越简单越好

第十一章 极简模式做大做强的实践案例

极简模式是一种在设计和生活中使用的理念，它强调去掉不必要的元素和烦琐的细节，使事物变得简单明了，更易于理解和运用。在企业经营和管理中，也可以采用极简模式来提高效率和降低成本，实现更好的经营业绩和企业价值。

如何在企业经营管理中采用极简模式呢？首先，可以从管理结构入手，简化组织架构，减少层级，降低管理成本。其次，可以利用现代信息技术，优化生产流程，实现自动化生产和无纸化办公，从而提高生产效率和降低成本。此外，还可以优化产品设计和供应链管理，减少浪费和损失，实现更高的利润和市场竞争力。

总之，极简模式是一种重视实用性、效率和经济性的思维方式，可以帮助企业提高经营业绩和管理水平，实现可持续发展和做大做强。

做给用户带来实惠的品牌

做给用户带来实惠的品牌，有两个品牌，一个是 Costco（开市客），另一个是好特卖。我们举个例子，好特卖的产品比电商平台上同类产品的价格还要低，一到周末去好特卖采购的消费者排起了长长的队。就是因为同类产品、同款产品，好特卖要比其他商超、线上平台更划算。

这样的商业模式，也被称为 Costco 模式。1976 年，从开市客 Costco 成立的第一天起便立下承诺"以尽可能低的价格持续为会员提供高品质的商品及服务"。直到今日，开市客Costco的这一理念从未改变。

因此，Costco模式指"成批量"或"计算经济成本"的商业模式。该模式利用大规模采购及直接与制造商合作的方式从而使商店得以提供低廉的价格。Costco模式的核心原则是降低成本并使利润最大化，从而使得消费者得到实惠。

Costco模式使用的技术和系统专注于供应链管理和高效的库存控制，使得商品从货架到实际销售非常高效。这种商业模式越来越受到消费者和企业的青睐，成了现代零售业的潮流。

1. 精细化管理：Costco的成功之处在于严格控制成本并保持高效运作。在中国的企业经营中，应加强对运营成本、供应链、库存等方面的管理，细化管理手段以提高效率。

2. 会员制度：Costco的会员制度激励会员们充满热情地购买商品，此外会员体验也得到了极大的提升。中国企业应构建自己的会员体系，打造更好的黏性和忠诚度。

3. 在商品营销上依托渠道力量：Costco的产品线较为简单，商品种类不多，但都有极高的销量。中国企业应当利用渠道力量，规划和优化产品线，以提升销量。

4. 投入大量资金以创新为导向：Costco为了满足消费者需求，持续创新，从而赢得了客户的认可。中国企业应在创新上花费更多的精力和资金，重视消费者需求，不断推出新产品，满足客户需求。

5. 承担社会责任：Costco积极履行社会责任，为地震、飓风、洪水等事件的受害者提供帮助。在中国企业模式设计中，也应承担企业社会责任，为社会作出更多的贡献。

当然，这一模式也已经影响到了我国本土商超，并且优化为"两高一低"极简商业模式。所谓"两高一低"极简商业模式指在零食行业中的一种经营模式，其特点是高效率、高颜值和低价格。

高效率，该商业模式注重高效选品并快速上新，总部通过营销数字化，密切掌控消费者偏好倾向变动，进行精准选品，提升消费转化率。高颜值，设计也是生产力，商家通过品牌形象、店面设计、商品陈列、产品包装等措施，为顾客提供简洁、亮丽、赏心悦目的购物体验，从而吸引眼球、激发消费欲望。

低价格，该商业模式通过不同的方式降低产品的价格，例如，与供应商直接合作，取消中间环节的成本，或者通过订阅模式等方式来提供产品。以较低的价格吸引更多的消费者，增加销量和市场份额。

"两高一低"极简商业模式的优势在于简化了零食行业的商业模式，降低了运营成本，提高了竞争力；同时，通过高品质和高口碑来吸引消费者，建立起可持续发展的品牌形象。然而，这种商业模式也需要具备一定的资源和能力，以确保产品的品质和供应链的稳定性。另外，市场竞争激烈，商家需要不断创新和提升服务水平，才能在零食行业中取得成功。

万家连锁店企业本质在极简

万家连锁店的企业本质是在极简，这意味着他们致力于使业务流程更加简化和高效化，以此来实现更好的管理。他们不断研究和改进业务流程，去除不必要的环节和冗余，使得企业能够更快速、更经济地运转。

在极简主义的理念下，万家连锁店不仅追求简化生产和管理流程，还注重消费者体验和满意度。他们努力打造符合消费者需求的产品和服务，提高客户满意度，从而增加销售额和客户忠诚度。

此外，万家连锁店也注重创新和技术应用。他们不断探索新的业务模式和技术手段，以满足不断变化的市场需求和客户需求。在这种集成创新、科技和极简主义的企业发展理念下，万家连锁店逐渐成为行业内的领军者，不断发展壮大。

在这里，我们要了解一个词语——SKU。

SKU是什么呢？SKU代表"库存独特标识符"或"库存单位"。它是一个唯一的代码或数字，用于区分和跟踪不同的产品或项目。SKU通常包括与产品相关的信息，如颜色、尺寸、型号等。SKU对于管理产品库存和销售非常重要，因为它可以确保每个产品都有其独特的标识符，以防止混淆。

在极简商业模式下，SKU也在追逐极简化，极简化的SKU带来的可复制能力，主要体现在以下四个方面。

1. 简化采购和供应链管理：SKU极简化可以减少企业的采购种类和库存管理工作量，从而降低采购和供应链管理的成本和复杂度。这使得企业可以更轻松地组织和管理供应链，并且更容易找到可靠的供应商。

2. 提高生产效率：SKU极简化使企业可以更集中地关注重要的产品线和生产流程，从而提高生产效率和质量，并减少流程中的错误和失误。

3. 加速产品迭代和创新：SKU极简化使企业可以更快地理解客户需求和市场趋势，从而更快地进行产品迭代和创新。这可以帮助企业更好地适应市场变化，提高产品竞争力。

4. 创建品牌和增强品牌认知度：SKU极简化使企业能够更聚焦于核心产品，从而更好地打造品牌和增强品牌认知度。这可以帮助企业巩固其在市场中的地位，并吸引更多的客户和消费者。

总之，SKU极简化可以帮助企业降低成本，提高效率和产品质量，并加速产品创新和品牌构建，从而增强企业的可复制能力。

我们用万家连锁品牌里面的代表品牌"蜜雪冰城"举例：蜜雪冰城作为一家连锁品牌，在经营中采用了标准化的管理模式，以确保产品和服务的质量、一致性和可持续发展。

| 极简商业模式：商业模式越简单越好

蜜雪冰城背后的标准化措施就是SKU极简化的体现，我们具体来看一下。

1. 统一的产品标准：蜜雪冰城设立了严格的产品标准和配方要求，确保所有加盟店所提供的产品品质、口感和营养成分的一致性。

2. 统一的装修设计：蜜雪冰城为加盟店提供统一的装修设计方案，确保门店的形象统一、品牌形象清晰。

3. 统一的服务标准：蜜雪冰城为加盟店提供完整的服务标准和培训体系，确保所有门店的服务质量和标准一致。

4. 统一的采购渠道：蜜雪冰城在采购原材料和设备上，与优质的供应商建立稳定的战略合作关系，确保加盟店所采购的材料的质量和价值的保障。

5. 统一的品牌营销策略：蜜雪冰城对品牌形象、营销推广和促销活动等统一规划，通过多种渠道和媒体推广品牌形象，提高品牌影响力和知名度。

上述标准化措施的实行，不仅能提升品牌形象和品质，更加重要的是，为加盟商提供了完善的支持和服务，帮助加盟商快速而稳健地实现利润最大化，很多连锁品牌都是用极简且统一的商业模式造就了万家连锁的商业传奇。

极简模式对于社区商业的精细渗透

极简模式是一种商业策略，可以对社区商业进行精细渗透。极简模式指在产品设计、价格定价、服务模式等方面以简化和精简为核心思路的商业模式。极简模式的核心是让产品具备高性价比，让消费者感受到简单、轻松和便捷。在社区商业中，极简模式可以帮助企业打造出更能满足社区居民需求的产品和服务，并使得企业的产品和服务更加亲民和易于接受。

极简模式可以帮助企业深入了解当地居民的消费习惯和需求，根据这些情况来进行产品设计和服务定制。例如，在社区卫生服务中，企业可以针对当地老年人、家庭主妇、学生等消费群体的需求，设计出更加适合其需求的服务和方案。

极简模式可以帮助企业降低成本，提高利润率。通过精简流程，销售过程、物流等环节的成本可以被大幅度降低。这可以帮助企业在价格竞争中获得更大的优势。

极简模式可以提高居民的消费体验。社区商业中，一个良好的消费体验可以带来重复消费和良好的口口相传效应。通过采用极简模式，企业可以提高客户满意度，增加客户忠诚度，从而提高品牌和企业的竞争力。

总的来说，极简模式是适合社区商业的商业策略。这种商业模式可以帮助企业在竞争中占据更有优势的位置，提高销售和利润。同时，它也能够提高居民的消费体验，从而形成良好的品牌效应。

极简模式对于社区商业的精细渗透可以通过以下举例来解释：

假设某个社区的居民对于环保和健康意识十分重视，一家传统的超市可能会采取宣传环保购物袋和健康食品来吸引居民进店购物，但这种方式可能难以引起居民的真正关注和购买意愿。

相反地，一家采用极简模式的社区商业可以更加精细地满足居民的需求，例如，设立专门的有机蔬菜区，引进"无公害食品""绿色食品"等认证产品，满足居民健康饮食需求；提供线上订单配送服务，降低人员流动和物流的碳排放量，并方便居民随时下单，提高购物体验。

这样，社区商业就可以通过极简模式的细致服务和创新经营，赢得居民的信任和忠诚度，从而实现稳定的商业增长。

极简商业模式： 商业模式越简单越好

极简模式做大，场景更重要

极简模式是一种设计理念，旨在将产品或服务简化到最基本的形态，以提供更简洁、直接的使用体验。在增加极简模式的情况下，场景仍然是至关重要的因素。

场景服务指基于特定场景的服务，通常指为特定用户群体提供的服务。在商业模式中，场景服务是一种基于新技术和新业务模式的创新模式。它为用户提供了更加个性化、便利的服务，使用户的生活更加便捷。

场景服务可以涵盖多个领域，例如：

1. 门店新零售场景服务：即基于产品销售的门店，增加直播、短视频、图书室、培训等。

2. 社交场景服务：即基于社交需求的服务，如聊天、共享、社区等。

3. 生活场景服务：即基于用户日常生活和生活需求的服务，如购物、快递、家政等。

4. 教育场景服务：即为用户提供学习、教育、培训等服务，如在线教育、知识付费等。

5. 医疗场景服务：即为用户提供医疗、健康、养老等服务，如在线医疗、智能医疗等。

场景服务的核心是提供特定用户群体需求的服务，所以场景服务相比于通用服务更加具有个性化，用户黏性更强。在商业模式中，场景服务的实现需要依赖技术创新、数据分析、用户体验等多方面因素。

然而，为什么还要侧重场景服务，我们可以从以下三点进行分析。

1. 用户需求：极简模式的设计侧重于简化用户界面和功能，但仍需要理解用户的需求和使用场景。只有通过深入了解用户的实际使用环境，才能确保极简模式的设计仍然能够满足用户的核心需求。

2. 有效性和效率：场景是用户在特定场合下使用产品的背景和目的。如果产品的设计忽略了特定场景的考量，可能会导致用户无法高效地完成任务或无法有效地利用产品的功能。因此，在设计极简模式时，仍需要关注产品在不同场景下的应用情况，以确保能够提供恰当的支持和便利。

3. 用户体验：极简模式的设计目标之一是提供更优质的用户体验。而用户体验与场景息息相关。不同的使用场景可能对用户的认知、情绪和行为产生不同的影响。通过针对特定场景进行设计，可以更好地满足用户的期望，提供更好的用户体验。

所以，虽然极简模式的设计追求简单和直接，但仍需要充分考虑用户的场景和需求。只有在了解用户行为背后的动机和环境的情况下，才能真正满足用户的需求，提供真正有价值的产品。

对于企业来说，实现场景服务首先就要做到产品赋能。产品赋能指通过各种手段提升产品的能力，让产品更具价值和竞争力。

比如，通过收集和分析用户数据，评估产品的表现，挖掘用户需求，优化产品功能，提高产品的用户体验和价值；通过深入了解用户需求、行为和反馈，优化产品设计和功能，提高用户的满意度和忠诚度；通过引入新的技术、平台和框架，实现产品的功能及性能的提升，增强产品的竞争力；通过提供更加个性化、定制化、全面化和专业化的服务，提高产品的附加值和用户黏性；通过市场营销手段，提升产品的知名度和认可度，扩大产品的用户基础和销售规模。

所以，为产品赋能，使其更好地适应市场和用户需求，从而使企业能够在其中获得更好的持续发展和商业利益。

我们举一个例子，奈雪茶院是一家知名的连锁饮品品牌和茶文化体验品牌。奈雪茶院以"让茶从平台走向流行"为使命，致力于将优质的茶叶和创新的茶饮文化带给消费者。

奈雪茶院的经营模式具有产品多样化、茶叶选材讲究、创新研发、优质体验、茶文化传承等特点，我们把每个特点展开看一下。

1.产品多样化：奈雪茶院提供多种类型的茶饮，包括奶茶、果茶、花茶等，可以满足不同消费者的口味需求。

2.茶叶选材讲究：奈雪茶院注重茶叶的品质和选材，选择国内外优质的茶叶供应商，确保茶饮的口感和品质。

3.创新研发：奈雪茶院不断进行茶饮的创新研发，推出新的口味和产品，满足消费者的需求和时尚潮流。

4.优质体验：奈雪茶院注重提供优质的服务和店面体验，店内环境设计温馨舒适，员工亲切热情，使消费者感受到良好的消费体验。

5.茶文化传承：奈雪茶院致力于传承和宣传茶文化，通过茶艺师的表演和茶叶知识的传授，让消费者更好地了解和欣赏茶文化。

由此可见，奈雪茶院的模式在市场中取得了成功，是产品与场景的相互作用。如今，奈雪茶院不仅在国内各大城市拥有众多分店，还在海外市场开设了门店。奈雪茶院的模式与其他连锁饮品品牌和茶文化体验品牌的竞争力较强，在年轻消费者中有着广泛的影响力。

我们再举另一个例子，重庆国猪高科技集团有限公司是国家生猪技术创新中心旗下的科技成果产业化平台。国猪高科本着"打造国家平台，创新中国猪业"的初心，在全国落地乡村振兴科技示范站，示范站采用"服务站+检测中心+国猪大学堂+图书室+直播+养猪社群"的"六位一体"经营模式。

1.服务站：示范站产品销售和服务展示的物理空间，国猪高科生物饲料、生物动保等科技产品的区域专营店，具有社群新零售特质的科技示范推广站。

2.检测中心：示范站的动物健康检测与评价中心，为广大养猪户、家庭农场、合作社、养猪企业等提供生猪健康检测与评价服务。

3. 国猪大学堂：示范站的养猪技术培训中心，国猪大学堂的分校，经常为养猪群体举办养猪技术培训会、交流会。

4. 图书室：示范站的农业实用技术图书馆，提供种植技术、养殖技术、农产品加工、农业经营管理等图书、杂志免费公益阅读，聚集人气。

5. 直播：示范站的技术直播专用直播间，主要进行猪业全生态链的科普直播。

6. 养猪社群：示范站的用户微信群，线上养猪俱乐部，对用户进行常规的信息服务和培训服务，推送养猪资讯，在群内举办养猪实用技术微培训。

基于生活空间的极简模式设计

极简模式设计的核心思想是简洁、清晰、易懂。基于生活空间的极简模式设计，注重减去多余的元素，使生活空间更加简洁、舒适、自然。以下是一些基于生活空间的极简模式设计的示例。

1. 减少物品：将不必要的物品和家具剔除，保留必要的和高质量的物品，使空间更加宽敞和整洁。

2. 统一主调：选择统一的主基调色彩，可使用白色或柔和的灰色调，增强空间的宽敞感和平静感，使人感到舒适和安静。

3. 选择简单的家具：如木制椅子和钢制桌子，易于搭配，不占用过多空间，同时能够营造出自然和舒适的氛围。

4. 增加自然元素：在生活空间中增加自然元素，如花卉、绿色植物等，能够增加生活空间的自然味道和活力，使人感到愉悦和放松。

5. 适度减少装饰品：只选择精致和有实用价值的装饰品，节省存储空

极简商业模式： 商业模式越简单越好

间，同时还能增加生活空间的美感和品质感。

以上方法能够使生活空间更加具有设计感和舒适度，同时也能够鼓励人们实践极简主义思想，舒缓压力与精神。

或许你会认为生活空间的极简与商业有关吗？在这里，先举一个例子。

作为一家成功的零售品牌，星巴克的极简商业模式设计确实值得其他企业参考。星巴克的定位是"第二办公室"的概念，是在生活、工作空间上实现极简模式，让人能够身处于极简模式的空间时，能够心境平和，感到放松。

星巴克咖啡的"第二办公室"概念，指让星巴克咖啡店成为人们的第二个办公室，提供宽敞的空间和高速的无线网络，以便人们在这里进行工作和学习。星巴克把咖啡店固定在一个位置，让人们可以在一个舒适的环境中进行日常的工作和社交活动。这种办公室的概念逐渐在全球范围内受到了越来越多人的欢迎和支持，成为一个新兴的创新概念。

星巴克咖啡的"第二办公室"概念，通过提供更为舒适的环境和服务，满足了人们在休闲场所的需求，让他们感觉到更为轻松和自由。这种创新概念的出现，赋予了咖啡店一个新的意义和价值，成了更为多元化的场所，不仅是一个可以品尝咖啡的地方，还可以完成工作或学习任务。

总而言之，星巴克咖啡的"第二办公室"概念已经发展成为一种新的经营模式。在未来，这一模式还将不断创新，适应人们的需求，为人们提供更为舒适和高效的工作和学习环境。

星巴克创造精致而温馨的咖啡店环境，以提供一种优质、轻松、愉快的体验。这一完美的场景设计是其他企业应该学习的，因为场景可以增强品牌的吸引力、提高客户忠诚度，并推动消费者不断回归。

所以，星巴克的极简商业模式设计从不同方面展示了精简、高效、优质的经营策略。这些策略可以作为其他企业设计商业模式和竞争优势的思路。

第十二章 "从零到一"的极简模式实践案例

"从零到一"指极简商业模式创新过程中从无到有的过程。它提倡创新意识，提倡人们从头开始学习，创造自己的核心竞争力，实现万物皆可创新的理念。

从零开始，可以发现新的市场需求和潜在客户，创造独一无二的产品或服务。

从零开始，可以自由选择合适的资源和渠道，降低成本，更快地实现商业成功。

从零开始，可以创造更大的经济和社会价值，同时带来更多的机遇。

从零开始创新是成功的关键，在现代商业社会中是不可或缺的。

天地丰农"平台共享商业模式"

平台共享商业模式是一种大共享模式，是共享经济的一种表现形式，它指企业通过共享平台将闲置的资源（如商品、服务、数据等）与公众分享，进而获得收入。这种模式的主要优势在于能够最大化地利用和配置社会资源，提高资源的使用效率，降低交易成本。

根据调查数据，全球44%的受访企业已采用了平台共享模式，20%的受访企业计划在未来三年到五年内实施平台共享模式，31%的平台共享企业已经在扩展增值服务或者朝着数字化平台共享方向迈进。这显示出实现

极简商业模式： 商业模式越简单越好

平台共享已经成为全球各行各业不可阻挡的发展趋势。

在实际应用中，平台共享模式可以进一步细分为多种类型，例如，基于互联网形成的二手市场交易或社区租借，共享协作式生活方式，以及固定资产高价值的产品共享服务系统等。这些多元化的实现形式使得平台共享模式能更好地满足不同场景和需求，推动社会经济的高效发展。

而在传统的农牧行业，湖南天地丰农生物科技集团有限公司已经超出了传统的平台共享范畴，通过打造创业平台、和战略合作伙伴共享平台、股权、产品、品牌、模式等战略资源，这家在新冠疫情初期成立的创新型企业，完整地穿越了三年多的疫情，实现了逆势崛起。

1. 高速增长的天地丰农

天地丰农集团成立于2020年8月，隶属于湖南鑫美龙生物科技集团有限公司，是一家专业从事教保料、预混料和动物保健品研发、生产、销售、服务的农牧科技企业集团。

天地丰农集团是一家平台化、科技型农牧企业，系中国预混料行业第一个平台品牌、平台共享商业模式的引领者，作为鑫美龙集团新财富平台，系国家高新技术企业、企业信用评价AAA级信用企业、中国最具成长力农业服务企业、民营经济高质量发展典范企业、中国农业产业创新先锋品牌、生猪技术创新战略联盟副理事长单位、华系猪全产业链联盟常务理事单位。

天地丰农集团总部位于湖南省长沙市，在全国设有40多家分、子公司，拥有现代化的生产基地，公司采用国内领先的设备和技术、生产教保料和预混料等高科技产品。

天地丰农集团自成立以来，始终秉承"把产品品质做到极致，把利益分配做到极致"的企业准则和"共同创业，共同拥有，共同治理，共担风险"的核心价值观，通过持续的技术创新、产品创新和商业模式创新，竞争力不断增强。

2."四个共同"的核心价值观

天地丰农集团"共同创业，共同拥有，共同治理，共担风险"的"四个共同"核心价值观，既是天地丰农企业文化的核心要素，也是天地丰农的经营模式，还是企业可持续发展的底层逻辑，实现了企业文化和商业模式的融合。

（1）共同创业：天地丰农集团各分、子公司股东、总经理加盟天地丰农事业平台，成为天地丰农事业合伙人，大家互为臂膀、互相成就，大家都是创业者，都是这个平台的主人，都是天地丰农事业的一分子，只有大家共同创业，优势叠加，天地丰农事业才能做大。

（2）共同拥有：天地丰农事业合伙人都是各分、子公司股东，都是分、子公司的资产所有者，将来还有可能是集团的股东和主人之一，天地丰农集团不是某一个人的，而是全体合伙人共同拥有的，大家都是这个平台的主人。

（3）共同治理：绝大多数的集团化企业允许员工成为公司的合伙人，可以给予很高的待遇和回报，不会让员工来治理企业，但天地丰农事业合伙人成为集团股东后，可以参与集团的决策和管理，可以和决策层、管理层一起来治理天地丰农。

（4）共担风险：天地丰农集团各分、子公司股东、总经理具备股东和经营者双重身份，既是企业的所有者，也是企业的经营者，在享受天地丰农事业发展红利的同时，也要共同承担企业的经营风险，要做到休戚与共。

3.四种合伙人模式快速迭代

天地丰农集团平台共享商业模式是一种全新的"产业+平台+资本+共享"商业模式、创业模式、孵化模式、发展模式，这也是一种抱团合作进入资本市场并共同实现财富共享的利益分配模式。

本模式通过鑫美龙集团新财富平台——天地丰农集团共享创业平台、商业模式、赛道、品牌、技术、资本、知识产权、社会资源等产业资源，

| **极简商业模式**：商业模式越简单越好

让天地丰农事业平台内被孵化的分、子公司抱团合作、一起加速、迅速长大，通过合伙人共同创业、共同拥有、共同治理、共担风险，可以让"蚂蚁"迅速变成"大象"。当平台整体盈利之后，能迅速地成长为"独角兽"，最后进入资本市场，实现共同富裕。

该模式主要经历了四个阶段的迭代，形成了四种合伙人模式、战略合作模式。

（1）合资企业模式：天地丰农集团和战略合作伙伴合资成立"产销一体"型的合资饲料企业，天地丰农集团占股51%，战略合作伙伴占股49%，天地丰农输出品牌、技术和核心料、教保料、预混料，就地生产浓缩料、配合料，深耕区域市场。

（2）合资分公司模式：天地丰农集团和战略合作伙伴合资成立区域营销分公司，公司不进行注册，在内部独立核算，天地丰农集团占股51%，战略合作伙伴营销团队占股49%，分公司负责天地丰农集团总部产品的市场开发和运营。

（3）合资子公司模式：天地丰农集团和战略合作伙伴合资成立分、子公司混合型的营销子公司，合资公司正式注册、独立运营，在组织架构上属于子公司，在运营模式上属于分公司，天地丰农集团占股51%，战略合作伙伴营销团队占股49%，子公司既负责天地丰农集团总部产品的市场开发和运营，也通过集团输出的品牌、技术和核心料就地生产浓缩料、配合料，深耕区域市场，实现"预混料＋浓配料"双赛道经营。

（4）区域合伙人模式：天地丰农集团在和合伙人成立合资分子公司的同时，继续深化合伙人模式，各分、子公司符合条件的业务骨干和经销商，也可以参股分、子公司，成为分、子公司的区域合伙人。

4. 基于平台共享的"六个共享"

天地丰农集团各分子公司营销团队的股东、总经理，在成为分、子公司合伙人后，可以获得来自集团的六大服务赋能。

（1）共享平台：成为天地丰农事业平台的一员，具备一定的业绩条件，有机会被聘请为天地丰农集团董事会、监事会、经营管理委员会成员，成为集团管理层的一员。

（2）共享股份：具备一定的业绩条件，有资格成为天地丰农集团自然人股东，可以获得一定额度的原始股认购资格，根据所持股份比例享受利润分红和资产增值，集团如果进入资本市场，有机会实现财富倍增。

（3）共享品牌：可以使用天地丰农集团旗下饲料、生猪等产品商标，共同打造中国预混料第一平台品牌。

（4）共享模式：集团为合伙人提供市场开发模式和营销方法共享，进行有针对性的帮扶，合伙人所在分、子公司之间，可以自愿互相学习，互通有无，取长补短。

（5）共享采购：可以共享天地丰农集团的供应链平台资源，通过集中规模采购大幅降低饲料原料采购成本，同时共享饲料配方等资源，共享无处不在。

（6）共享培训：可以参加天地丰农创新学院举办的各类线上线下经营管理培训课程，也可以受邀参加集团季度工作培训会，还可以参加月度专题培训，系统化提升营销团队的执行力。

5. 从逆势增长到逆势崛起

2021年，是天地丰农事业的起步年和"十四五"规划的第一年，也是天地丰农集团市场启动的第一年，团队建设和市场开发都是从零开始，集团快速进行了业务模式调整，天地丰农集团教槽料、预混料、浓配料当年销售额过亿元，在市场上崭露头角。

2022年，是天地丰农集团启动"预混料+配合料"双平台、双赛道经营的第一年，也是全面推动鑫美龙集团新财富平台发展战略的关键年，集团分、子公司数量达到30多家，在中国饲料行业整体低迷的市场形势下，天地丰农集团销量、利润逆势而上，实现了高速增长。

极简商业模式：商业模式越简单越好

2023年，中国猪业依然处于深度亏损期，中国大部分饲料企业经营业绩都在下滑，而天地丰农集团分子公司数量已经达到了近50家，各分、子公司销量和利润同比、环比大部分都实现了高速增长，天地丰农集团整体实现了从逆势增长到逆势崛起，在传统的农牧行业创造了一个平台共享的奇迹。

"十四五"期间，天地丰农集团将不断开疆拓土，坚持"低成本运营，稳步持续发展，走天地丰农特色的共同富裕之路"，整合100家以上分、子公司，致力于打造中国农牧业更具发展潜力的新财富平台、中国预混料第一平台品牌、中国生态猪第一品牌，成为国内领先的平台化、科技型农牧企业，并进入资本市场。

通过天地丰农平台共享商业模式案例可以发现，天地丰农平台实现了全平台的共享，合伙人有很强的参与感和归属感，提高了市场整合和市场开发的效率，为内部创业者和外部经销商提供了成为事业合伙人的巨大发展机会。同时，平台还整合了各方资源，打破了传统农业企业发展的壁垒，促进了创业者从共同创业到共同富裕的融合。

鑫美龙"两个极致模式"

极致经营模式指企业根据企业的经营宗旨，为实现企业所确认的战略目标和价值定位所采取的商业模式。极致经营模式包括企业为实现价值战略目标和价值定位所规定的业务范围，企业在产业链的位置，以及在这样的定位下实现价值的方式和方法。由此看出，极致经营模式是企业对市场做出快速反应的一种模式，这种模式在特定的环境下是有效的。

近年来，鑫美龙集团通过"把产品品质做到极致，把利益分配做到极致"的"两个极致"的企业文化和经营模式，在农牧行业转型升级和非洲猪瘟变局的两次行业洗牌中逆势而上，形成了具有鑫美龙特色的"两个极致"发展模式。

1. 存量增量双轮驱动

湖南鑫美龙生物科技集团有限公司系国家高新技术企业，创立于2010年6月，是一家专业从事猪教保料、畜禽预混料、畜禽浓缩料及动物保健品的研发、生产、销售于一体的农牧高新技术企业集团。

鑫美龙集团总部位于湖南省长沙市，在全国拥有1家控股子集团（湖南天地丰农生物科技集团有限公司）、26家分子公司、8个现代化的生产基地。作为国内教槽料技术领跑者，拥有全国首创的专利产品——美龙真空乳。

鑫美龙集团创立13年来，经历了"长沙美龙生物科技有限公司—湖南美龙饲料科技有限公司—湖南鑫美龙生物科技集团有限公司"三个发展阶段。

2020年7月，鑫美龙集团创业10周年之际，在美龙销量的最高峰时期，集团把握战略机遇，进行转型升级，深耕增量市场，抢占新的超级赛道，发起成立新财富平台——天地丰农集团，战略定位是"鑫美龙集团做存量，天地丰农集团做增量"，开始进行"双轮驱动"。

2. "两个极致"经营模式

鑫美龙集团的企业准则是"把产品品质做到极致，把利益分配做到极致"，同时这也是鑫美龙集团的企业文化核心要素和经营模式，实现了价值观和方法论的统一。

（1）把产品品质做到极致：鑫美龙集团是国内教槽料技术领跑者，拥有全国首创的专利产品——美龙真空乳，真空包装，新鲜营养，适口性更好，料肉比更低，性价比更高，具有极强的市场竞争力。因为有大部分企业不具备的规模经营优势，鑫美龙集团的教槽料等核心产品在成本低、价格低的同时依然做到了较高的产品品质，从而实现了把产品品质做到极致。

（2）把利益分配做到极致：鑫美龙集团全国各分、子公司大部分是合作性质，分、子公司总经理是集团区域市场的负责人，也是集团区域市场的经销商，还是集团的战略合作伙伴和合伙人，双方缔结了坚不可摧的伙伴关系。在利益分配时，集团把营销利润的大头让利给了合伙人，集团只保留了较少的一部分利润，可以说是把利益分配做到了极致。

3．"两个极致"的核心内涵

鑫美龙集团一直坚持的"把产品品质做到极致，把利益分配做到极致"的"两个极致"经营模式，也是一种大分享模式，其核心内涵是"轻资产、多平台、大整合、大开放、利益融合、财散人聚"的大分享经营模式。

（1）轻资产：鑫美龙集团在总部长沙建有中央工厂，能够满足集团主推产品的生产，在几个大区也有合资控股的工厂，除此之外不建厂，不搞"面子工程"，实现了轻资产运营，做到了低风险、低成本，把企业的经营成本降到了最低。

（2）多平台：鑫美龙集团在全国的分、子公司，既有合资子公司（控股子公司，参股子公司，品牌技术合作占股子公司），也有合作性质的分公司（控股子分公司，参股分公司，合作伙伴独资的分公司），实现了多平台经营和战略合作模式的多样化，把更多的战略合作伙伴凝聚到了鑫美龙的大旗下。

（3）大分享：鑫美龙集团向各分、子公司产销环节双重让利，略高于成本价供货，生产运营环节基本不获取利润，通过低成本降低分、子公司的市场开发难度，集团通过营销环节实现价值变现，通过合资分、子公司分红取利，利益分配时大头分配给了分、子公司，这在全国的饲料企业中是极其罕见的。

（4）共增值："众人拾柴火焰高"，鑫美龙集团事业体系各分、子公司合伙人共同创业，共同打造鑫美龙事业发展平台，在实现了较高的即期利益外，也实现了平台的价值形成和溢价，为最终共同大家抱团进入资本市场奠定了坚实的基础。

4. 极致创新引领未来

近年来，得益于持续的转型升级和经营创新，鑫美龙集团一直坚持"两个极致"经营模式，已经形成了"双平台+双赛道"的"双轮驱动"发展格局。

（1）双平台：目前，鑫美龙集团旗下有两个经营平台，分别是鑫美龙集团和天地丰农集团，鑫美龙集团做存量市场，天地丰农集团做增量市场，"鑫美龙集团+天地丰农集团"共同组成了美龙系集团。

（2）双赛道：美龙系集团负责开发增量市场的新财富平台——天地丰农集团，目前同时深耕预混料和浓配料两个赛道，旗下既有经营教保料、预混料业务的预混料事业部，也有经营浓配料业务的浓配料事业部。鑫美龙集团有很大优势的教槽料、预混料具有较高的性价比，浓配料业务在区域市场也形成了创新型的合伙人模式。

通过鑫美龙两个极致模式案例可以发现，在很多行业，不管是传统行业还是创新型行业，只要把产品或服务品质做到极致、把利益分配做到极致，依然有弯道超车、后来居上的发展机会。鑫美龙两个极致模式可以应用于各个行业和领域，为企业提供一种高效的合作模式，可以帮助企业快速提升其竞争力和市场地位。

博益德"事业共同体模式"

事业共同体模式是一种商业模式和管理机制，是平台化战略在企业组织层面的体现。合伙人与公司在合伙人机制下成为事业共同体和利益共同体，双方共同经营、共享收益，合伙人机制有效破除了大企业的两大通病：层级臃肿、部门间壁垒森严。

极简商业模式： 商业模式越简单越好

事业共同体具有四大特点：共识、共担、共创、共享，博益德（北京）生物科技有限公司就是一家以事业共同体模式为商业模式的平台化企业。

1. 共创生态，共享成功

博益德公司成立于2017年，总部位于北京中关村，是生物饲料开发国家工程研究中心旗下唯一的科技成果产业化平台，是专门为生物饲料产业链事业共同体整合式发展成立的平台化、科技型企业。

博益德公司以国际领先的菌酶协同发酵技术为抓手，聚焦生物饲料产业全生态链经营，系国家高新技术企业、北京市专精特新中小企业、中国畜牧饲料行业十大生物饲料领军企业。集团首创"生物饲料产业链事业共同体"商业模式，曾荣获中国畜牧饲料行业十大商业模式创新奖、世界银行绿色农业技术创新挑战活动创新技术奖TOP5等殊荣。

博益德公司以"品牌+技术+资本+人才"四位一体搭建"平台+"模式，打造以发酵饲料为核心产业的生态型高科技产业集团，同时融合前置仓模式，构建以生物饲料为核心、从养殖端到优质畜产品端的开放式全产业链，为消费者提供安全优质的肉蛋奶。

博益德公司拥有双院士压阵，双博士后带队，集结"政产学研"四位一体的独特的跨学科跨领域组合的科研团队和由李德发院士、姚斌院士"双院士"领衔的15位国内知名技术专家与上市企业技术总监组成的技术专家顾问团队。

2. 打造平台，共创共享

生物饲料产业链事业共同体（Bio-feed enterprise community，BFEC）简称"355事业共同体"，隶属于博益德（北京）生物科技有限公司，技术依托中国农科院饲料研究所和生物饲料开发国家工程研究中心、国家生猪技术创新中心，聚集畜牧行业精英，整合顶级资源、优化配置，以"品牌+技术+资本+人才"四位一体搭建"平台+"模式，旨在共建生物饲料、生态养殖、健康畜产品产业生态圈，实施生态循环健康养殖，服务人类健康事业，实现共识、共创、共享、共赢的宏伟目标。

"355"事业共同体推出了"五个统一"的服务模式，作为和加入共同体平台的生物饲料企业合作的基本服务标准，即统一技术指标、统一产品质量、统一对外品牌、统一人才培训、统一资本运营。

（1）统一技术指标：统一生产设备、工艺、配方、检测技术。

（2）统一产品质量：统一标准、应用方案、原料及添加剂采购。

（3）统一对外品牌：统一使用"酵力奇"品牌，统一品牌建设、营销策划、运营管理、标志、VI资料、包装等。

（4）统一人才培训：统一人才招聘、培养，设立博益德商学院。

（5）统一资本运营：连接产业链上下游和资本。

3. 技术引领，资本驱动

博益德公司打造的"355"事业共同体，自营业务和平台业务协调发展，计划在3年内联合50家合作企业实现产销50万吨/年生物发酵饲料，携手跨入资本市场。还将通过产业整合的方式，打造全国最大产业链企业联合体，最终为消费者提供安全优质的肉蛋奶，用生物科技改善人类生活。"355"事业共同体模式计划将通过三个阶段进行实施。

（1）第一阶段：为期3年，在中国饲料行业启动生物发酵饲料转型升级项目，为符合条件且认同博益德事业发展的饲料企业和规模化养殖集团增加生物发酵饲料项目，在原有传统饲料存量业务的基础上增加生物饲料这个增量项目，用生物技术推动增量业务发展。第一阶段采用"轻资产运营，低成本扩张，存量不动，增量共享"的合作原则，双方通过成立合资企业的战略合作方式，股权分配按博益德用品牌技术出资占35%技术股，合资企业实际出资占股65%，如果因资本市场需要控股51%时，按照市场法则对相应股权作价进行股权并购。这个阶段，力争实现年产销50万吨生物发酵饲料。

（2）第二阶段：为期3年，在全国启动传统饲料存量整合项目，根据

极简商业模式： 商业模式越简单越好

第一阶段的市场开发和市场运营情况，采用"技术引领，资本驱动，联合共生，裂变成长"的合作原则，力争实现增量存量同步裂变扩张。

（3）第三阶段：为期5—10年，在全国启动无抗安全优质肉蛋项目，采用"全国布局，资源共享"的合作原则，整合全国的屠宰、冷链、终端零售、新零售平台等产业资源，共同打造开放式产业链闭环，力争实现中高端肉蛋第一。

4. 产业经营，联合共赢

博益德公司成立6年来，目前平台加盟企业达百余家，生物发酵饲料产销量稳步增长，参与投资企业70余家，控股企业15家，遍及全国25个省、自治区、直辖市，集团控股分子、公司员工总数超300人，已经成为中国生物发酵饲料行业的领军企业，成为一个能够分享大机会、成就大事业的超级平台，具有巨大的发展潜力和极高的投资价值。

作为生物饲料开发国家工程研究中心旗下唯一的科技成果产业化平台，博益德公司还承办过多届"中国生物饲料科技大会"，在推动生物饲料产业高质量发展和生物饲料标准规范、行业降本增效、分享产业最新研究成果及畜产品领域增产增收等方面，作出了一定的贡献。

公司未来将继续坚持"共识、共创、共享、共赢"的原则，围绕菌酶协同生物科技芯片，采用"常规饲料+发酵饲料+生态养殖"的业务模式，聚焦市场需求，努力打造中国生物饲料第一品牌，深化开放式产业链闭环，升级"355"企业服务方案，开发发酵地源饲料，推动液态饲喂产业化，联合中小饲料企业携手共进资本市场，共创生态，共享成功。

总体而言，博益德事业共同体模式把商业模式和社会责任相结合，促进了企业在经济、社会和环境等方面的可持续发展。企业通过遵循该模式，实现了联合共赢，平台内合作企业实现了增量发展，并在行业中发挥积极作用。

英惠尔"小而美模式"

小而美商业模式指企业通过专注于细分市场，提供高质量的产品和服务，以满足消费者个性化需求，从而实现可持续发展的商业模式。

这种商业模式的优势在于，企业可以更加精准地满足消费者的需求，提高产品的附加值和竞争力。同时，由于规模较小，企业可以更加灵活地应对市场变化，快速调整战略和产品。

总部位于北京中关村中国农业科学院的英惠尔公司就是一家小而美的企业，也是中国农牧行业小而美商业模式的代表性企业。

1. 饲料添加剂行业的"小巨人"

英惠尔公司（北京英惠尔生物技术有限公司）成立于2000年，诞生于中国农业科学院饲料研究所，是一家以饲料添加剂和饲料原料为主导的创新型生物技术企业，公司拥有多家控股子公司，在河北省内丘县设有现代化的生产基地，员工总数近200人。

英惠尔公司技术力量雄厚，专注于生物技术产品的研发推广，公司系国家高新技术企业、北京市专精特新"小巨人"企业、北京市企业技术中心、中国饲料工业协会常务理事单位、中国畜牧业协会生物产业分会副会长单位、北京市饲料工业协会会长单位、"一带一路"国际合作先进饲料企业。

英惠尔公司坚持"用科技服务农业，改善人类生活品质"的企业使命，合作伙伴遍及世界各地，产品远销五大洲80多个国家和地区。

2. 多个维度的"小而美"

和很多喜欢宏大叙事或追求较大发展规模的集团化企业不同，英惠尔公司从创立之初进行战略规划时，公司创始人、董事长任泽林博士就坚持

| **极简商业模式**：商业模式越简单越好

小而美、追求适度规模、做百年小企业的发展理念，聚焦并专注于动物营养赛道，心无旁骛，不贪大求全。在联合创始人和管理团队成员的选择上，英惠尔的中高级管理人员都比较简单、务实，可以说，英惠尔是有小而美的基因的。

英惠尔公司把打造百年小企业作为公司的战略目标之一，自然而然采用小而美的商业模式，致力于把公司做强而不是单纯的做大，其小而美模式主要体现在以下四个维度。

（1）组织小而美：英惠尔公司从成立一开始，公司管理层全部持股，公司创始人、董事长任泽林博士占股25.2%，联合创始人、副总裁郭庆占股23%。作为公司董事长的任泽林博士是公司第一大股东、实际控制人，但不是控股股东。可以说，英惠尔公司的组织模式和股权架构是天然的合伙人模式，内生联合治理机制，形成了一个小型的事业共同体。

（2）产品小而美：英惠尔公司长期与中国科学院微生物所、清华大学、中国海洋大学等科研院所合作，在常规饲料添加剂的基础上，开发出酵母培养物、酵母肽和枯草肽等高端高附加值的动物营养品，同时坚持"添加剂＋预混料"的发展战略，一手抓B端的饲料企业，一手抓C端即养殖终端的饲料经销商和养殖企业，形成了互补的产品线。

（3）业务模式小而美：英惠尔公司践行"精益求精，为合作伙伴创造快乐"的企业理念，秉承"好产品＋好方法"的双引擎合作模式，坚持以客户为中心，为客户提供性价比最优的产品和配套服务，为合作伙伴提供综合的解决方案，成了中国饲料添加剂行业服务营销的标杆。

（4）利益分配小而美：英惠尔公司尊重个人价值，鼓励首创精神，在利益分配上，不把股东股份所占比例作为唯一的或最重要的分配标准，董事会每年都会出台《高管工资及超额奖方案》，公司高管要全部签字确认，年底能拿到多少钱一目了然。在英惠尔，所有高管的绩效工资都和年底的业绩挂钩，事业部总经理个人可以拿到年度超额完成的销售利润部分的

50%，其余50%奖励给事业部副总经理、总监和少量核心人员。

3. 为员工和合作伙伴创造快乐

英惠尔公司是一家创新的企业，也是一家快乐的企业，公司成立23年来，致力于"以创新科技打造世界级动物营养企业"，已经成长为一家小而美的平台化企业。

英惠尔公司有10多位自然人股东，英惠尔的决策模式很像西方的议会制，有事大家商量着来，在大多数企业见到的董事长一言而决、乾纲独断的情况在英惠尔不多见。有人说，英惠尔的决策是议会制，而有些企业的决策是老板独断制。

英惠尔的利益分配机制为年轻人的脱颖而出提供了适合的土壤，多年前从西南大学一毕业就加盟英惠尔现已成为公司副总裁的许湲，现在也是公司的自然人股东。2017年，因为海外市场高速增长，许湲负责的国际事业部超额完成利润目标，个人拿到了税前700万元的高管超额奖，这个纪录目前可能还是饲料添加剂行业年度奖金收入的"天花板"。

英惠尔公司的大部分员工都是大学毕业后通过校园招聘进入英惠尔的，从零开始成长。随着英惠尔事业的快速发展和新鲜血液的不断融入，英惠尔公司的股权激励也在深化，近两年，又有多位为英惠尔发展作出贡献的高绩效员工成了公司的合伙人、股东。23岁的英惠尔，依然年轻。

英惠尔的小而美模式特别是内部合伙人模式，使得公司能够更好地利用内部人才和资源，激励员工为公司的发展贡献更多。通过合伙人的身份，员工能够成为英惠尔的主人，可以更加积极主动地参与公司的发展和决策，实现自身的职业发展和目标。

总的来说，英惠尔小而美模式是一种多赢的合作模式，通过多方的合作与共赢，实现共同目标和利益最大化。

极简商业模式：商业模式越简单越好

零食很忙"两高一低模式"

"两高一低"是一个经济学术语，它在不同的领域有不同的含义。在环境科学中，"两高一低"指的是高能耗、高污染、低水平的行业。而在经济发展策略上，"两高一低"有时被用来描述高投入、高产出、低消费的经济模式。

而在零食行业，湖南有一家企业把"两高一低"创新性应用成了"高效率、高颜值、低价格"。从经济学的角度，这种模式可能会被认为是不可持续的，因为往往低价格很难做到高品质。因此，对于这种模式的可持续性，有待观察和优化。

1. 社区门店服务大众

零食很忙是中国零食行业的新秀，是湖南零食很忙商业连锁有限公司旗下的专业零食连锁品牌，其总部设在湖南省长沙市。作为一个年轻的专业零食连锁品牌，它以社区门店为主，定位于服务普通大众群体，致力于用更低的消费门槛满足更广大人民的零食需求。

长沙零食很忙食品有限公司是零食很忙品牌的发起者，成立于2017年，从公司成立至今，零食很忙在短短的6年多时间里，已经创新并开辟了全新的零食销售模式，使其成长为全国零食连锁行业的前列品牌。截至2023年10月，该公司的全国门店数量已突破4000家，并且以每天新开7家门店的速度快速发展。

2. 高效率 + 高颜值 + 低价格

零食很忙开创了零食集合店 4.0 模式，特点是价格便宜以零食很忙为代表的零食集合 4.0 在 3.0 的基础上完成了进一步升级，主要体现在：（1）引入了水饮、冷饮、乳制品等品牌商品,作为引流产品;(2)引入了大量廉价但品质有保证的二、三线甚至白牌产品;(3)价格便宜力度更大,价格分别比商超和电商渠道便宜10%—30%;(4)位置更加靠近社区;(5)店面进行现代化改造,更加亮丽,增加消费者的购买意愿。

零食很忙的商业模式可以概括为"两高一低"。具体来说,它主要借助知名零食、饮料产品低价引流,然后通过销售店内自有品牌"品牌工厂同款"白牌零食来实现盈利。此外,这种经营模式也体现在其快速的门店扩张上:从200家门店在短短3年时间里增长到2000家,呈现出了10倍的门店复制速度。根据公开资料,零食很忙每家门店投入约为50万元,每日营业额在1万—1.5万元,但其综合毛利仅约为18%,回本周期需1.5年至2年。

以零食很忙120平方米的门店为例,日销可以做到1.3万元,而高端零食集合店良品铺子,70平方米的门店日销约为4700元,零食很忙的平效是良品铺子的1.5倍以上。

零食很忙的"两高一低模式",具有以下几个特征。

(1)高效率:高效选品并快速上新。总部通过信息系统持续收集门店动态销售数据,密切掌控消费者偏好倾向变动,进行精准选品,提升消费转化率。零食消费具有喜新厌旧的特点,需要持续上新,维持消费者购买欲望。零食很忙每月均会上新近百款SKU,并通过总部与终端的强连接、强管控关系,快速统一推广新品。

(2)高颜值:门店高颜值。公司自成立以来,零食很忙店面形象不断升级迭代,目前已升级到第五代,明亮度提升、货架布局及整洁度进一步优化,有助于提高用户进店转化率。

(3)低价格:低价格、高性价比带来高客流和高复购。零食很忙凭借高性价比产品,有效促进销量提升。零食很忙客单价30元,低于高端零食集合店60—70元的客单价,但是由于零食很忙价格优势明显,有效客流明显高于高端零食集合店。高性价比也带来了较高的复购率（70%—80%），支撑零食很忙保持较高的平效。

（4）其他方面：零食很忙凭借社区区位和高性价比优势，快速吸引居民到店消费。零食很忙通过品牌产品引流，配合白牌产品销售提升客单价和盈利能力。

3. 高效供应链保证高性价比、低费用率

零食很忙供应链体系中，门店总部通过以下措施大大降低了供给终端门店的价格。

（1）总部直采直供：零食很忙总部直接与品牌厂商对接采购，然后将货品直供门店。相比于传统零食两级以上渠道层级体系（一批、二批），零食很忙降低商品流通过程中的加价率，尤其在渠道下沉到底线城市时优势明显。

（2）与供应商双赢合作模式，保证采购优惠采购价格：①规模化订单采购，有助于零食很忙与品牌供应商建立战略合作关系，获得更优惠的采购价格。②与零食很忙合作，品牌商不需要支付商超系统的进场、条码、堆头费用；同时双方直接现金交易，不存在账期问题，品牌厂商可以快速回流现金。因此品牌商愿意给予更优惠的价格。

（3）集约化的仓储配送体系：零食很忙统筹全国门店的仓储和物流配送，总部建设现代化、自动化的大型区域仓，供应商将货品送至区域仓后，总部通过信息化系统收集派发门店订单，进行每周直发、多频次、大批量、高装载率的集约化运输，使得整个供应链系统物流费率较传统通路要低。

（4）货损控制更好：零食很忙总部通过信息化系统监控并收集门店终端动销及库存数据，动态调整选品，尽可能降低货损费用。相较传统商超流通零售体系，零食很忙的临期产品回调处理费用相对较少。

（5）专注选品和采购：来伊份、良品铺子等零食集合店采取OEM模式，零食很忙更专注于选品和采购，费用成本更低，进一步支撑较低的终端供货价。对比不同渠道全链条加价情况和盈利情况，可以看到在零食

很忙总部高效的供应链体系下，零食很忙从生产到最终门店累计加价率仅50%，使得零食很忙终端销售价格较商超、高端零食集合店分别便宜20%—50%。

4. 一年新增门店上千家

公开数据显示，2022年零食很忙全国门店零售营业额达64.45亿元，同比增长139.7%，其中大部分增长来自2022年新增的1200家门店。

零食很忙在2023年10月门店数量突破4000家，并以平均每天新开7家门店的速度飞快发展。零食很忙的扩展，门店标准化复制模式已经相当成熟，相比于每年近4万批次的加盟意向咨询总量，这种速度仍然是高标准下的克制。

目前，零食很忙分布于湖南、江西、湖北、贵州、广西、广东等10省市，不包括北京和上海。其中，大部分门店集中在湖南省内。目前零食很忙共有4000多家门店，其中近2000家门店位于湖南。

目前，零食折扣店多在南方布局，其中湖南是多个零食品牌的创立地，主要原因系当地的供应渠道较为成熟，发展有天然优势。同时湖南也是多家食品企业总部所在地，如零食很忙、盐津铺子、劲仔食品等，部分商品可直接采购，周转效率极大提升。

零食很忙的商业模式也迅速被其他品牌复制，赵一鸣、零食仓、零食好忙等都成为竞争对手，加速了行业的价格战，内卷加速。

零食很忙深耕零食赛道的目标是通过高效率、高颜值和低价格，推出更多性价比高的美食，满足人们对高品质食品的需求。同时，该赛道能够逆向整合农业产业链，也有助于推动农产品深加工的发展和乡村振兴的可持续发展。

当然，靠价格去换取市场的路走不长远。总之，零食很忙模式的成功提醒我们，创新和创造力、观察细节和趋势、超越既有认知、多元化和跨界融合等因素都是成功的关键要素，我们需要在这些方面不断努力和提升。

后 记

商业模式是企业如何创造价值、传递价值和获取价值的基本原理。由于外部环境的变化，企业的商业模式是动态的，需要根据竞争环境的改变而做出适应性的变革。

改变商业模式是大多数企业的转型起点，企业的数字化转型已经演变到以商业模式数字化转型占主导的形态，商业模式数字化是众望所归。商业模式数字化不仅能够改善消费者体验，而且能在较短时间内促进收入增长。

商业模式数字化转型已经成为现代企业市场竞争的必经之路。数字化转型的领先者或成功者，享有比落后者或失败者更大的竞争优势，尤其是体现在收入与利润等财务绩效方面。

中小企业在面对日益激烈的市场竞争和新技术变革的情况下，数字化、智能化成了提升企业竞争力的必要途径。而在向数字化、智能化转型的过程中，中小企业需要面对的选择和变化往往是复杂的，这就需要相应的解决方案。

首先，中小企业需要的是针对其实际情况的定制化方案。数字化、智能化转型并不是一种"标准化"的过程，不同企业在具体实施中需要根据自身的产品、行业、市场和商业模式等因素提出量身定制的解决方案。

其次，中小企业需要的是全生命周期的赋能。数字化、智能化转型不仅是简单的技术更新，它还涉及基于商业模式的企业全生命周期的流程和管理优化。因此，为中小企业提供包括需求分析、方案设计、实施指导、培训、维护等全方位的赋能是十分必要的。

第三，商业模式可以是简单的，但商业模式的进化是复杂的，同样的模式不同的人操作，所取得的效果大相径庭。所以，任何模式都有其局限性，在操作过程中都要不断调整、不断迭代，才能为企业的战略推进和转型升级提供强有力的支撑。

第四，中小企业需要的是模式、技术和资源的共享。数字化、智能化转型需要涉及很多技术、经验和资源，而中小企业往往无法独立承担这些成本。因此，中小企业需要依托专业机构，以共享的方式获得其所需的技术、经验和资源，从而顺利实现数字化、智能化转型。

总之，中小企业的数字化、智能化转型需要相应的解决方案为其提供支持。这些解决方案应该是个性化的、全生命周期的，并且需要提供技术、经验和资源的共享。只有这样，中小企业才能更好地适应市场的变化并提升自身竞争力。

同时对于中小企业来说，由于资源有限，也难以自己开发和生产出所需的产品或提供所需的服务，因此可以选择使用已有的产品或从其他企业采购所需的产品。此外，中小企业的用户群相对较小，可以通过微信等社交媒体平台来与用户保持联系，这样可以更好地了解用户的需求和反馈，为产品的开发和服务提供更精准的定位和优化。同时，通过和微信好友的互动，也可以建立起用户社群，提高用户黏性和口碑，以促进中小企业的发展。

中小企业发展也需要商业模式的鼎力相助，商业模式的进化与市场、技术、消费者需求等多种因素密切相关，需要不断地优化和创新。

在互联网时代，传统零售商业模式遇到了巨大的挑战，而电商平台的兴起则创造了新的商业模式。无论是传统零售商还是电商平台，其基本的商业模式都是销售商品，但是他们在战略、运营、营销等方面的执行力却有很大差别，导致其在市场上的表现也各有不同。

因此，商业模式的进化需要在市场竞争中实践和完善，不断提高商业

极简商业模式： 商业模式越简单越好

模式的可持续性发展和盈利能力。又如，传统的线性发展模式难以适应快速变化和不确定性环境的需求，而敏捷开发模式则强调快速响应和迭代，但在一些长期稳定的项目中可能会显得不太适用。

因此，在应用既有商业模式时，需要结合企业的实际情况和项目特点，进行细致的分析和调整。同时，还需要不断学习和积累经验，不断完善和优化模式，以应对未来的挑战和机遇，从而在不确定的市场里提高成功概率。

侯韶图